Ivan Kouchnir

Économie de la Tchécoslovaquie

Série "Economie dans les pays"

première publication: 2020
dernière mise à jour: 2021-01-21

Ivan Kouchnir. Économie de la Tchécoslovaquie. Série "Economie dans les pays". - 2020. - 47 pages.

Ce livre sur l'économie de la Tchécoslovaquie des années 1970 aux années 1980. Données source provenant de UN Data.

Taille. Dans les années 1980, le PIB de la Tchécoslovaquie s'élevait à 52,5 milliards de dollars par an; la valeur de l'agriculture était de 3,4 milliards de dollars; la valeur de l'industrie était de 17,0 milliards de dollars. Comme la part dans le monde était comprise entre 0,1% et 1%, le pays est classé en tant que dans l'économie moyenne.

Productivité. Dans les années 1980, le PIB par habitant était de 3 391,8 dollars; l'agriculture par habitant était de 217,5 dollars; l'industrie par habitant était de 1 098,9 dollars. Étant donné que la productivité est comprise entre la moyenne et la moyenne supérieure à la moyenne, l'économie est classée comme développée.

Croissance. Dans les années 1980, la croissance du produit intérieur brut était de 1,9%; la croissance de l'agriculture était de 4,9%; la croissance de l'industrie était de 0,83%.

Structure. Dans les années 1980, l'économie de la Tchécoslovaquie était composée des secteurs suivants: services (35,1%), industrie (33,8%), construction (9,1%), commerce (8,4%), agriculture (7,7%), transport (6,0%).

Série "Economie dans les pays": parallel.page.link/fr

© Ivan Kouchnir, 2020

Tous les droits sont réservés.

ISBN: 9798613461295

Contenu

Partie I. Taille	4
Chapitre I. Produit intérieur brut	5
Chapitre II. Valeur ajoutée	8
Chapitre III. Revenu national brut	11
Partie II. Structure	13
Chapitre IV. Agriculture	14
Chapitre V. Industrie	17
Chapitre 5.1. Fabrication	20
Chapitre VI. Construction	23
Chapitre VII. Transport	26
Chapitre VIII. Commerce	29
Chapitre IX. Services	32
Partie III. Consommation	35
Chapitre X. Dépenses publiques	36
Chapitre XI. Dépenses ménagères	39
Chapitre XII. Consommation de nourriture	42
Partie IV. Reproduction	44
Chapitre XIII. Formation de capital fixe	45

Partie I. Taille

	Les années 1980
PIB	52,5 milliards de dollars
Partager dans le monde	0,35%
Partager en Europe	0,97%
Partager en Europe de l'Est	4,8%

Chapitre I. Produit intérieur brut

Le PIB de la Tchécoslovaquie est passé de 28,2 milliards de dollars par an dans les années 1970 à 52,5 milliards de dollars par an dans les années 1980, c'est-à-dire 24,4 milliards de dollars ou de 86,5%. La variation a été de 15,0 milliards de dollars en raison de l'augmentation de 1,4 fois des prix, et de 8,0 milliards de dollars en raison de la croissance de productivité de 1,3 fois, et de 1,3 milliards de dollars en raison de la croissance démographique. La croissance annuelle moyenne du produit intérieur brut était de 3,0%. La valeur minimale était de 16,3 milliards de dollars en 1970. La valeur maximale était de 60,5 milliards de dollars en 1987.

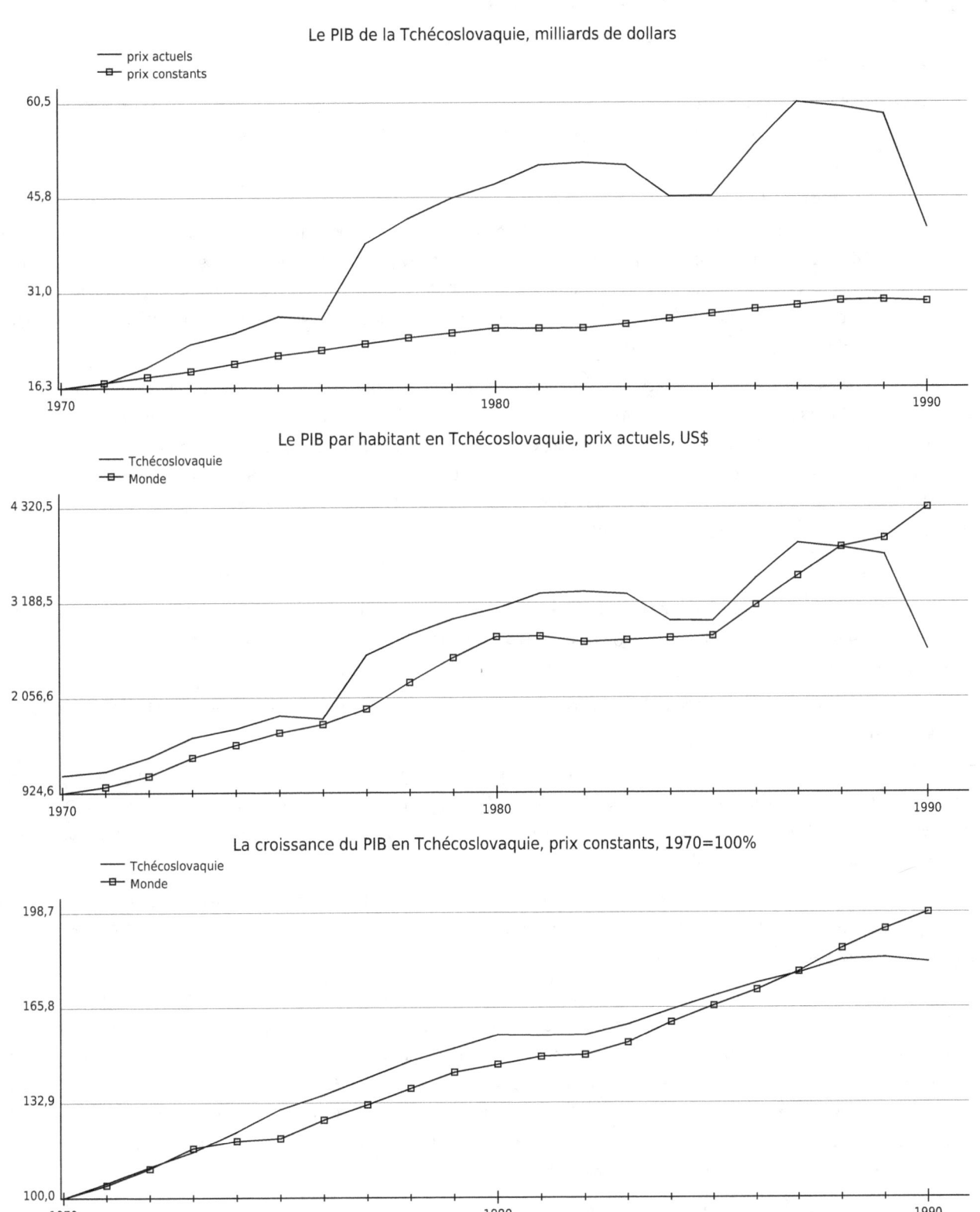

Les années 1970

Le produit intérieur brut de la Tchécoslovaquie était de 28,2 milliards de dollars par an dans les années 1970, au 33ème rang mondial à égalité avec la Grèce (28,7 milliards de dollars). La part dans le monde était de 0,43% et de 1,1% en Europe.

Le produit intérieur brut de la Tchécoslovaquie était constitué des dépenses ménagères (47,7%), de la formation de capital (27,3%) et des dépenses publiques (19,1%).

Le PIB par habitant en Tchécoslovaquie était de 1905.1 dollars dans les années 1970, au 54ème rang mondial, à égalité avec le Portugal (1 890,3 de dollars), Chypre (1 922,1 de dollars), la Barbade (1 859,5 de dollars). Le produit intérieur brut par habitant en Tchécoslovaquie était 17,5% supérieur le produit intérieur brut par habitant au Monde (1 620,8 US$), et 48,4% inférieur le PIB par habitant en Europe (3 694,0 US$).

La croissance du PIB en Tchécoslovaquie était de 4.7% dans les années 1970, au 79ème rang mondial, à égalité avec les Maldives (4,7%), Trinité-et-Tobago (4,7%), la Norvège (4,7%). La croissance du PIB en Tchécoslovaquie (4,7%) a été supérieure à celle du monde (4,1%), et supérieure à celle de l'Europe (3,6%).

Comparaison avec les voisins. Le produit intérieur brut de la Tchécoslovaquie était supérieur à celui de la Hongrie (12,7 milliards de dollars); mais inférieur à celui de l'Allemagne (484,2 milliards de dollars), de la Pologne (49,0 milliards de dollars) et de l'Autriche (39,1 milliards de dollars). Le produit intérieur brut par habitant en Tchécoslovaquie était supérieur à celui de la Pologne (1 448,3 de dollars) et de la Hongrie (1 209,9 de dollars); mais inférieur à celui de l'Allemagne (6 148,9 de dollars) et de l'Autriche (5 136,1 de dollars). La croissance du produit intérieur brut en Tchécoslovaquie était supérieure à celle de l'Autriche (3,8%) et de l'Allemagne (3,1%); mais inférieure à celle de la Pologne (5,9%) et de la Hongrie (5,3%).

Comparaison avec les leaders. Le PIB de la Tchécoslovaquie était inférieur à celui des États-Unis (1,7 billions de dollars), de l'URSS (649,4 milliards de dollars), du Japon (558,0 milliards de dollars), de l'Allemagne (484,2 milliards de dollars) et de la France (333,2 milliards de dollars). Le PIB par habitant en Tchécoslovaquie était inférieur à celui des États-Unis (7 838,7 de dollars), de la France (6 214,9 de dollars), de l'Allemagne (6 148,9 de dollars), du Japon (5 011,3 de dollars) et de l'URSS (2 574,9 de dollars). La croissance du produit intérieur brut en Tchécoslovaquie était supérieure à celle du Japon (4,6%), de la France (3,9%), des États-Unis (3,5%) et de l'Allemagne (3,1%); mais inférieure à celle de l'URSS (4,8%).

Les années 1980

Le produit intérieur brut de la Tchécoslovaquie était de 52,5 milliards de dollars par an dans les années 1980, au 36ème rang mondial à égalité avec la Colombie (52,1 milliards de dollars), l'Algérie (53,2 milliards de dollars). La part dans le monde était de 0,35% et de 0,97% en Europe.

Le PIB de la Tchécoslovaquie était constitué des dépenses ménagères (47,3%), de la formation de capital (24,5%) et des dépenses publiques (23,3%).

Le PIB par habitant en Tchécoslovaquie était de 3391.8 dollars dans les années 1980, se classant au 61ème rang mondial, à égalité avec les Seychelles (3 435,7 de dollars), l'Asie de l'Ouest (3 440,0 de dollars), l'Argentine (3 320,3 de dollars). Le produit intérieur brut par habitant en Tchécoslovaquie était 8,6% supérieur le PIB par habitant au Monde (3 123,4 US$), et 2,1 fois inférieur le produit intérieur brut par habitant en Europe (7 066,6 US$).

La croissance du PIB en Tchécoslovaquie était de 1.9% dans les années 1980, au 126ème rang mondial, à égalité avec le Danemark (1,9%), les Philippines (1,9%). La croissance du PIB en Tchécoslovaquie (1,9%) a été inférieure à celle du monde (3,0%), et inférieure à celle de l'Europe (2,5%).

Comparaison avec les voisins. Le produit intérieur brut de la Tchécoslovaquie était 93,4% supérieur à celui de la Hongrie (27,2 milliards de dollars); mais 18,8 fois inférieur à celui de l'Allemagne (990,0 milliards de dollars), 43,1% inférieur à celui de l'Autriche (92,3 milliards de dollars) et 26,3% inférieur à celui de la Pologne (71,2 milliards de dollars). Le produit intérieur brut par habitant en Tchécoslovaquie était 32,3% supérieur à celui de la Hongrie (2 564,5 de dollars) et 75,5% supérieur à celui de la Pologne (1 932,9 de dollars); mais 3,7 fois inférieur à celui de l'Allemagne (12 688,8 de dollars) et 3,6 fois inférieur à celui de l'Autriche (12 111,0 de dollars). La croissance du PIB en Tchécoslovaquie était supérieure à celle de la Hongrie (1,5%) et de la Pologne (0,32%); mais inférieure à celle de l'Autriche (2,0%) et de l'Allemagne (1,9%).

Comparaison avec les leaders. Le produit intérieur brut de la Tchécoslovaquie était 79,4 fois inférieur à celui des États-Unis (4,2 billions de dollars), 34,6 fois inférieur à celui du Japon (1,8 billions de dollars), 18,8 fois inférieur à celui de l'Allemagne (990,0 milliards de dollars), 16,9 fois inférieur à celui de l'URSS (887,0 milliards de dollars) et 13,9 fois inférieur à celui de la France (729,5 milliards de dollars). Le PIB par habitant en Tchécoslovaquie était 5,2% supérieur à celui de l'URSS (3 222,9 de dollars); mais 5,1 fois inférieur à celui des États-Unis (17 427,1 de dollars), 4,4 fois inférieur à celui du Japon (14 970,9 de dollars), 3,8 fois inférieur à celui de la France (12 907,5 de dollars) et 3,7 fois inférieur à celui de l'Allemagne (12 688,8 de dollars). La croissance du PIB en Tchécoslovaquie était inférieure à celle de l'URSS (4,3%), du Japon (4,3%), des États-Unis (3,1%), de la France (2,3%) et de l'Allemagne (1,9%).

Chapitre II. Valeur ajoutée

La valeur ajoutée de la Tchécoslovaquie est passé de 28,2 milliards de dollars par an dans les années 1970 à 52,5 milliards de dollars par an dans les années 1980, c'est-à-dire 24,4 milliards de dollars ou de 86,5%. La variation a été de 15,0 milliards de dollars en raison de l'augmentation de 1,4 fois des prix, et de 8,0 milliards de dollars en raison de la croissance de productivité de 1,3 fois, et de 1,3 milliards de dollars en raison de la croissance démographique. La croissance annuelle moyenne de la valeur ajoutée était de 2,5%. La valeur minimale était de 16,3 milliards de dollars en 1970. La valeur maximale était de 60,5 milliards de dollars en 1987.

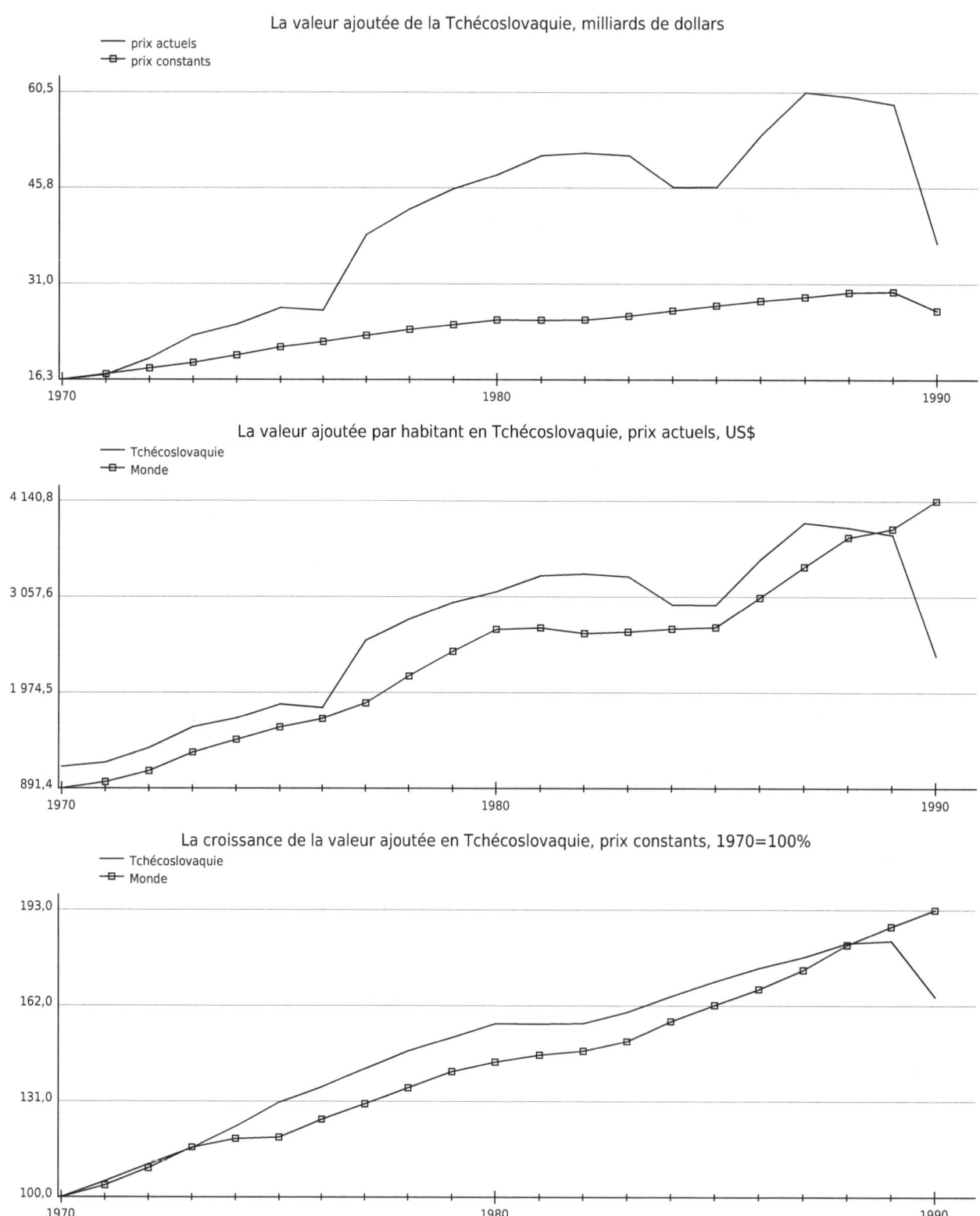

Chapitre II. Valeur ajoutée

Les années 1970

La valeur ajoutée de la Tchécoslovaquie était de 28,2 milliards de dollars par an dans les années 1970, au 32ème rang mondial. La part dans le monde était de 0,45% et de 1,1% en Europe.

La valeur ajoutée totale de la Tchécoslovaquie était constituée de: services (35,1%), industrie (33,8%), construction (9,1%), commerce (8,4%), agriculture (7,7%), transport (6,0%).

La valeur ajoutée par habitant en Tchécoslovaquie était de 1905.1 dollars dans les années 1970, se situant au 52ème rang mondial, à égalité avec la Polynésie (1 902,9 de dollars), l'Asie de l'Ouest (1 908,3 de dollars). La valeur ajoutée par habitant en Tchécoslovaquie était 21,8% supérieure la valeur ajoutée par habitant au Monde (1 564,4 US$), et 45,7% inférieure la valeur ajoutée par habitant en Europe (3 506,2 US$).

La croissance de la valeur ajoutée en Tchécoslovaquie était de 4.7% dans les années 1970, au 80ème rang mondial, à égalité avec la Turquie (4,7%), la Chine (4,7%), d'Haïti (4,7%). La croissance de la valeur ajoutée en Tchécoslovaquie (4,7%) a été supérieure à celle du monde (3,9%), et supérieure à celle de l'Europe (3,4%).

Comparaison avec les voisins. La valeur ajoutée de la Tchécoslovaquie était supérieure à celle de la Hongrie (12,2 milliards de dollars); mais inférieure à celle de l'Allemagne (444,9 milliards de dollars), de la Pologne (48,7 milliards de dollars) et de l'Autriche (34,9 milliards de dollars). La valeur ajoutée par habitant en Tchécoslovaquie était supérieure à celle de la Pologne (1 436,5 de dollars) et de la Hongrie (1 158,2 de dollars); mais inférieure à celle de l'Allemagne (5 650,3 de dollars) et de l'Autriche (4 583,6 de dollars). La croissance de la valeur ajoutée en Tchécoslovaquie était supérieure à celle de l'Autriche (4,0%) et de l'Allemagne (3,1%); mais inférieure à celle de la Pologne (6,0%) et de la Hongrie (5,6%).

Comparaison avec les leaders. La valeur ajoutée de la Tchécoslovaquie était inférieure à celle des États-Unis (1,7 billions de dollars), de l'URSS (649,4 milliards de dollars), du Japon (545,3 milliards de dollars), de l'Allemagne (444,9 milliards de dollars) et de la France (297,3 milliards de dollars). La valeur ajoutée par habitant en Tchécoslovaquie était inférieure à celle des États-Unis (7 767,9 de dollars), de l'Allemagne (5 650,3 de dollars), de la France (5 544,4 de dollars), du Japon (4 897,5 de dollars) et de l'URSS (2 574,9 de dollars). La croissance de la valeur ajoutée en Tchécoslovaquie était supérieure à celle de la France (3,7%), de l'Allemagne (3,1%) et des États-Unis (2,9%); mais inférieure à celle du Japon (4,9%) et de l'URSS (4,8%).

Les années 1980

La valeur ajoutée de la Tchécoslovaquie était de 52,5 milliards de dollars par an dans les années 1980, se situant au 35ème rang mondial à égalité avec l'Algérie (51,3 milliards de dollars). La part dans le monde était de 0,36% et de 1,0% en Europe.

La valeur ajoutée totale de la Tchécoslovaquie était constituée de: services (35,1%), industrie (32,4%), commerce (11,1%), construction (8,1%), transport (7,0%), agriculture (6,4%).

La valeur ajoutée par habitant en Tchécoslovaquie était de 3391.8 dollars dans les années 1980, se classant au 61ème rang mondial, à égalité avec l'Asie de l'Ouest (3 338,3 de dollars). La valeur ajoutée par habitant en Tchécoslovaquie était 11,9% supérieure la valeur ajoutée par habitant au Monde (3 029,9 US$), et 49,0% inférieure la valeur ajoutée par habitant en Europe (6 647,9 US$).

La croissance de la valeur ajoutée en Tchécoslovaquie était de 1.9% dans les années 1980, se situant au 131ème rang mondial, à égalité avec la Mélanésie (1,9%), les Salomon (1,9%), la Nouvelle-Zélande (1,9%). La croissance de la valeur ajoutée en Tchécoslovaquie (1,9%) a été inférieure à celle du monde (2,9%), et inférieure à celle de l'Europe (2,6%).

Comparaison avec les voisins. La valeur ajoutée de la Tchécoslovaquie était 2,2 fois supérieure à celle de la Hongrie (23,9 milliards de dollars); mais 17,3 fois inférieure à celle de l'Allemagne (907,0 milliards de dollars), 35,8% inférieure à celle de l'Autriche (81,8 milliards de dollars) et 25,6% inférieure à celle de la Pologne (70,6 milliards de dollars). La valeur ajoutée par habitant en Tchécoslovaquie était 50,5% supérieure à celle de la Hongrie (2 254,1 de dollars) et 77,0% supérieure à celle de la Pologne (1 916,2 de dollars); mais 3,4 fois inférieure à celle de l'Allemagne (11 624,4 de dollars) et 3,2 fois inférieure à celle de l'Autriche (10 721,9 de dollars). La croissance de la valeur ajoutée en Tchécoslovaquie était supérieure à celle de la Pologne (0,55%); mais inférieure à celle de la Hongrie (2,6%), de l'Autriche (2,0%) et de l'Allemagne (2,0%).

Comparaison avec les leaders. La valeur ajoutée de la Tchécoslovaquie était 79,5 fois inférieure à celle des États-Unis (4,2 billions de dollars), 34,3 fois inférieure à celle du Japon (1,8 billions de dollars), 17,3 fois inférieure à celle de l'Allemagne (907,0 milliards de dollars), 16,9 fois inférieure à celle de l'URSS (887,0 milliards de dollars) et 12,4 fois inférieure à celle de la France (650,9 milliards de dollars). La valeur ajoutée par habitant en Tchécoslovaquie était 5,2% supérieure à celle de l'URSS (3 222,9 de dollars); mais 5,1 fois inférieure à celle des États-Unis (17 439,9 de dollars), 4,4 fois inférieure à celle du Japon (14 839,7 de dollars), 3,4 fois inférieure à celle de l'Allemagne (11 624,4 de dollars) et 3,4 fois inférieure à celle de la France (11 516,2 de dollars). La croissance de la valeur ajoutée en Tchécoslovaquie était inférieure à celle de l'URSS (4,3%), du Japon (4,2%), des États-Unis (2,8%), de la France (2,2%) et de l'Allemagne (2,0%).

Chapitre III. Revenu national brut

Le RNB de la Tchécoslovaquie est passé de 28,2 milliards de dollars par an dans les années 1970 à 52,5 milliards de dollars par an dans les années 1980, c'est-à-dire 24,4 milliards de dollars ou de 86,5%. La variation a été de 15,0 milliards de dollars en raison de l'augmentation de 1,4 fois des prix, et de 8,0 milliards de dollars en raison de la croissance de productivité de 1,3 fois, et de 1,3 milliards de dollars en raison de la croissance démographique. La croissance annuelle moyenne du revenu national brut était de 3,0%. La valeur minimale était de 16,3 milliards de dollars en 1970. La valeur maximale était de 60,5 milliards de dollars en 1987.

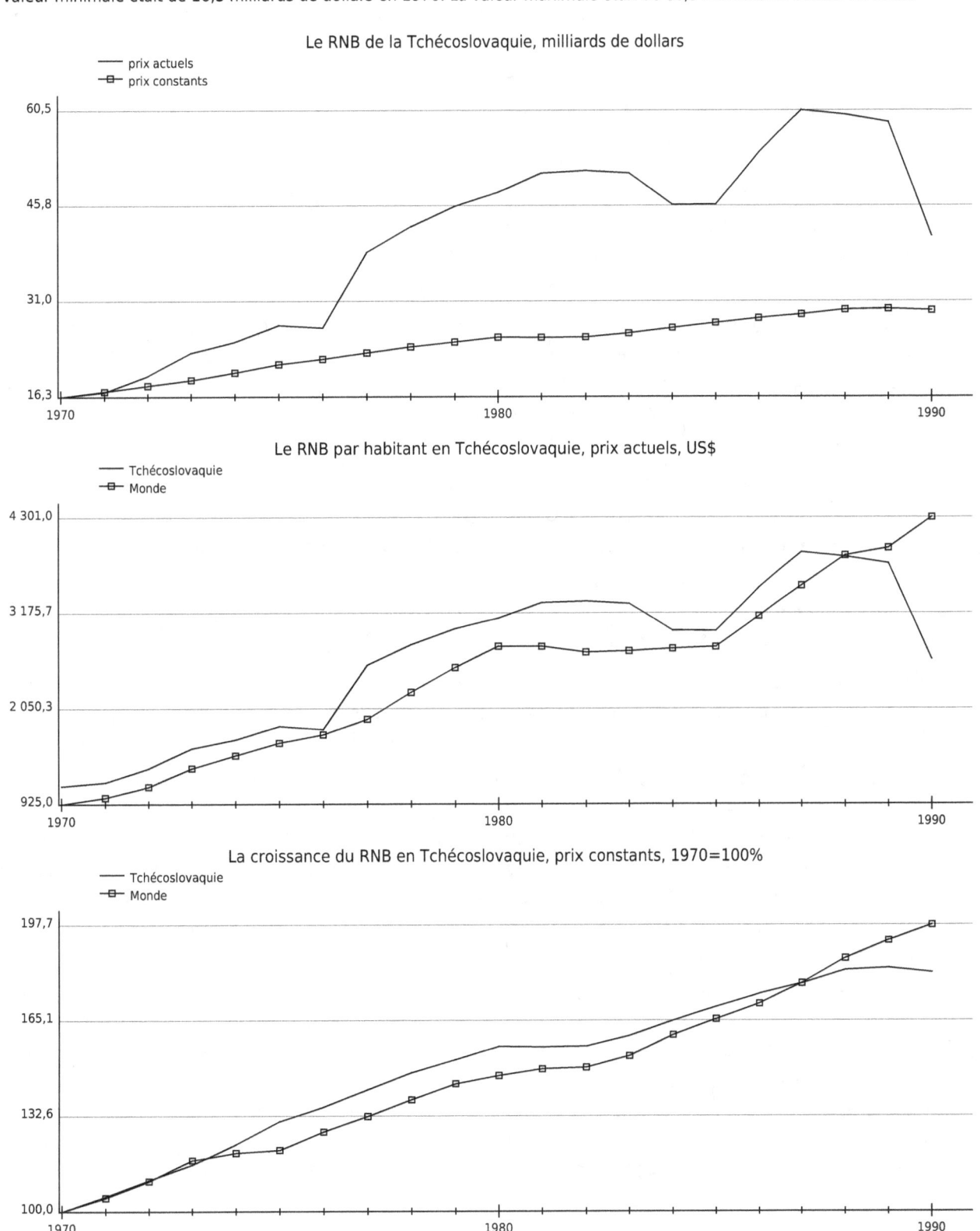

Les années 1970

Le revenu national brut de la Tchécoslovaquie était de 28,2 milliards de dollars par an dans les années 1970, se situant au 33ème rang mondial. La part dans le monde était de 0,43% et de 1,0% en Europe.

Le RNB par habitant en Tchécoslovaquie était de 1905.1 dollars dans les années 1970, se classant au 55ème rang mondial, à égalité avec le Portugal (1 886,1 de dollars), l'Argentine (1 953,3 de dollars). Le RNB par habitant en Tchécoslovaquie était 17,3% supérieur le RNB par habitant au Monde (1 624,3 US$), et 48,9% inférieur le revenu national brut par habitant en Europe (3 730,2 US$).

La croissance du revenu national brut en Tchécoslovaquie était de 4.7% dans les années 1970, se situant au 81ème rang mondial, à égalité avec la Polynésie (4,7%), les Maldives (4,7%), l'URSS (4,8%). La croissance du revenu national brut en Tchécoslovaquie (4,7%) a été supérieure à celle du monde (4,1%), et supérieure à celle de l'Europe (3,6%).

Comparaison avec les voisins. Le revenu national brut de la Tchécoslovaquie était supérieur à celui de la Hongrie (12,6 milliards de dollars); mais inférieur à celui de l'Allemagne (486,2 milliards de dollars), de la Pologne (47,3 milliards de dollars) et de l'Autriche (39,2 milliards de dollars). Le revenu national brut par habitant en Tchécoslovaquie était supérieur à celui de la Pologne (1 396,6 de dollars) et de la Hongrie (1 193,5 de dollars); mais inférieur à celui de l'Allemagne (6 174,4 de dollars) et de l'Autriche (5 151,5 de dollars). La croissance du RNB en Tchécoslovaquie était supérieure à celle de l'Autriche (3,8%) et de l'Allemagne (3,0%); mais inférieure à celle de la Pologne (5,9%) et de la Hongrie (5,2%).

Comparaison avec les leaders. Le RNB de la Tchécoslovaquie était inférieur à celui des États-Unis (1,7 billions de dollars), de l'URSS (649,4 milliards de dollars), du Japon (558,5 milliards de dollars), de l'Allemagne (486,2 milliards de dollars) et de la France (334,3 milliards de dollars). Le revenu national brut par habitant en Tchécoslovaquie était inférieur à celui des États-Unis (7 837,2 de dollars), de la France (6 235,1 de dollars), de l'Allemagne (6 174,4 de dollars), du Japon (5 015,3 de dollars) et de l'URSS (2 574,9 de dollars). La croissance du RNB en Tchécoslovaquie était supérieure à celle du Japon (4,7%), de la France (3,9%), des États-Unis (3,5%) et de l'Allemagne (3,0%); mais inférieure à celle de l'URSS (4,8%).

Les années 1980

Le revenu national brut de la Tchécoslovaquie était de 52,5 milliards de dollars par an dans les années 1980, se situant au 35ème rang mondial à égalité avec l'Algérie (51,8 milliards de dollars). La part dans le monde était de 0,35% et de 0,96% en Europe.

Le RNB par habitant en Tchécoslovaquie était de 3391.8 dollars dans les années 1980, se situant au 61ème rang mondial, à égalité avec les Seychelles (3 315,9 de dollars). Le revenu national brut par habitant en Tchécoslovaquie était 8,8% supérieur le RNB par habitant au Monde (3 117,1 US$), et 2,1 fois inférieur le RNB par habitant en Europe (7 107,7 US$).

La croissance du RNB en Tchécoslovaquie était de 1.9% dans les années 1980, se situant au 124ème rang mondial, à égalité avec la Jordanie (1,9%). La croissance du RNB en Tchécoslovaquie (1,9%) a été inférieure à celle du monde (3,0%), et inférieure à celle de l'Europe (2,4%).

Comparaison avec les voisins. Le revenu national brut de la Tchécoslovaquie était 2,0 fois supérieur à celui de la Hongrie (26,1 milliards de dollars); mais 19,0 fois inférieur à celui de l'Allemagne (996,5 milliards de dollars), 43,2% inférieur à celui de l'Autriche (92,5 milliards de dollars) et 23,5% inférieur à celui de la Pologne (68,7 milliards de dollars). Le RNB par habitant en Tchécoslovaquie était 37,6% supérieur à celui de la Hongrie (2 464,2 de dollars) et 82,0% supérieur à celui de la Pologne (1 863,9 de dollars); mais 3,8 fois inférieur à celui de l'Allemagne (12 771,0 de dollars) et 3,6 fois inférieur à celui de l'Autriche (12 124,9 de dollars). La croissance du RNB en Tchécoslovaquie était supérieure à celle de la Hongrie (1,2%) et de la Pologne (0,32%); mais inférieure à celle de l'Allemagne (2,0%) et de l'Autriche (2,0%).

Comparaison avec les leaders. Le RNB de la Tchécoslovaquie était 79,2 fois inférieur à celui des États-Unis (4,2 billions de dollars), 34,7 fois inférieur à celui du Japon (1,8 billions de dollars), 19,0 fois inférieur à celui de l'Allemagne (996,5 milliards de dollars), 16,9 fois inférieur à celui de l'URSS (887,0 milliards de dollars) et 13,9 fois inférieur à celui de la France (732,1 milliards de dollars). Le revenu national brut par habitant en Tchécoslovaquie était 5,2% supérieur à celui de l'URSS (3 222,9 de dollars); mais 5,1 fois inférieur à celui des États-Unis (17 362,5 de dollars), 4,4 fois inférieur à celui du Japon (15 042,8 de dollars), 3,8 fois inférieur à celui de la France (12 952,6 de dollars) et 3,8 fois inférieur à celui de l'Allemagne (12 771,0 de dollars). La croissance du RNB en Tchécoslovaquie était inférieure à celle du Japon (4,4%), de l'URSS (4,3%), des États-Unis (3,1%), de la France (2,3%) et de l'Allemagne (2,0%).

Partie II. Structure

	Les années 1980
agriculture	6,4%
industrie	32,4%
construction	8,1%
commerce	11,1%
transport	7,0%
services	35,1%

Chapitre IV. Agriculture

Agriculture, chasse, sylviculture et pêche (ISIC A-B)

La valeur ajoutée de l'agriculture en Tchécoslovaquie est passé de 2,2 milliards de dollars par an dans les années 1970 à 3,4 milliards de dollars par an dans les années 1980, c'est-à-dire 1,2 milliards de dollars ou de 56,1%. La variation a été de 1,0 milliards de dollars en raison de l'augmentation de 1,4 fois des prix, et de 94,3 millions de dollars en raison de la croissance de productivité de 1,0 fois, et de 102,4 millions de dollars en raison de la croissance démographique. La croissance annuelle moyenne de l'agriculture était de 1,7%. La valeur minimale était de 1,5 milliards de dollars en 1970. La valeur maximale était de 4,6 milliards de dollars en 1989.

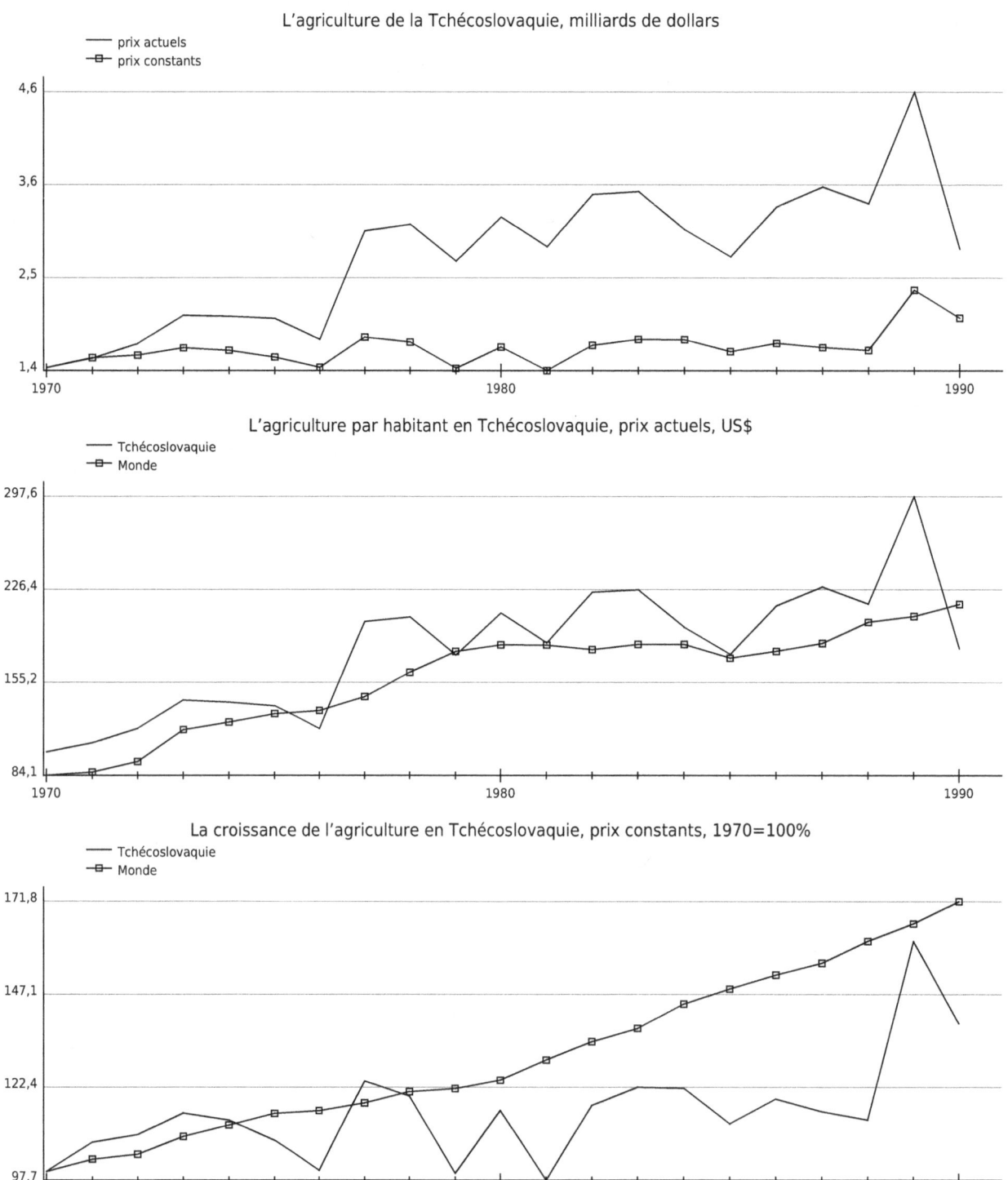

Chapitre IV. Agriculture

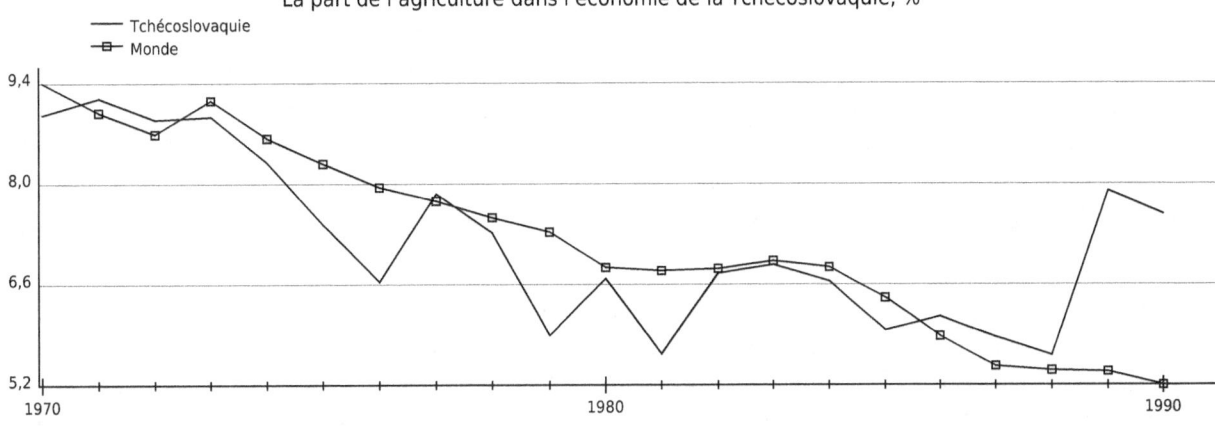

Les années 1970

Le secteur de l'agriculture en Tchécoslovaquie était de 2,2 milliards de dollars par an dans les années 1970, se classant au 38ème rang mondial à égalité avec la république démocratique du Congo (2,2 milliards de dollars). La part dans le monde était de 0,42% et de 1,1% en Europe.

La part de l'agriculture dans l'économie de la Tchécoslovaquie était de 7,7% dans les années 1970, se classant au 129ème rang mondial, à égalité avec l'Europe (7,7%), l'Iran (7,6%).

L'agriculture par habitant en Tchécoslovaquie était de 145.9 dollars dans les années 1970, au 65ème rang mondial, à égalité avec le Belize (144,7 de dollars), Cuba (144,7 de dollars), Maurice (148,0 de dollars). L'agriculture par habitant en Tchécoslovaquie était 14,3% supérieure l'agriculture par habitant au Monde (127,6 US$), et 45,6% inférieure l'agriculture par habitant en Europe (268,3 US$).

La croissance de l'agriculture en Tchécoslovaquie était de -0.1% dans les années 1970, se classant au 163ème rang mondial. La croissance de l'agriculture en Tchécoslovaquie (-0,058%) a été inférieure à celle du monde (2,2%), et inférieure à celle de l'Europe (3,3%).

Comparaison avec les voisins. La valeur ajoutée de l'agriculture en Tchécoslovaquie était supérieure à celle de l'Autriche (2,0 milliards de dollars) et de la Hongrie (1,9 milliards de dollars); mais inférieure à celle de l'Allemagne (11,9 milliards de dollars) et de la Pologne (6,7 milliards de dollars). L'agriculture par habitant en Tchécoslovaquie était inférieure à celle de l'Autriche (257,0 de dollars), de la Pologne (196,5 de dollars), de la Hongrie (182,8 de dollars) et de l'Allemagne (150,6 de dollars). La croissance de l'agriculture en Tchécoslovaquie était inférieure à celle de la Pologne (6,0%), de la Hongrie (3,0%), de l'Autriche (1,5%) et de l'Allemagne (1,2%).

Comparaison avec les leaders. Le secteur de l'agriculture en Tchécoslovaquie était inférieur à celui de l'URSS (88,7 milliards de dollars), de la Chine (49,5 milliards de dollars), des États-Unis (42,6 milliards de dollars), de l'Inde (36,0 milliards de dollars) et du Japon (25,8 milliards de dollars). L'agriculture par habitant en Tchécoslovaquie était supérieure à celle de l'Inde (58,3 de dollars) et de la Chine (54,2 de dollars); mais inférieure à celle de l'URSS (351,8 de dollars), du Japon (231,3 de dollars) et des États-Unis (195,0 de dollars). La croissance de l'agriculture en Tchécoslovaquie était inférieure à celle de l'URSS (7,0%), de la Chine (2,4%), du Japon (0,52%), des États-Unis (0,34%) et de l'Inde (0,30%).

Les années 1980

Le secteur de l'agriculture en Tchécoslovaquie était de 3,4 milliards de dollars par an dans les années 1980, au 43ème rang mondial à égalité avec le Ghana (3,4 milliards de dollars). La part dans le monde était de 0,37% et de 1,1% en Europe.

La part de l'agriculture dans l'économie de la Tchécoslovaquie était de 6,4% dans les années 1980, se situant au 128ème rang mondial.

L'agriculture par habitant en Tchécoslovaquie était de 217.5 dollars dans les années 1980, se classant au 74ème rang mondial, à égalité avec l'Algérie (219,4 de dollars), la Grenade (215,1 de dollars), la Corée du Nord (214,8 de dollars). L'agriculture par habitant en Tchécoslovaquie était 16,5% supérieure l'agriculture par habitant au Monde (186,6 US$), et 43,7% inférieure l'agriculture par habitant en Europe (386,3 US$).

La croissance de l'agriculture en Tchécoslovaquie était de 4.9% dans les années 1980, se situant au 26ème rang mondial, à égalité avec le Maroc (4,9%). La croissance de l'agriculture en Tchécoslovaquie (4,9%) a été supérieure à celle du monde (3,1%), et supérieure à celle de l'Europe (2,1%).

Comparaison avec les voisins. L'agriculture de la Tchécoslovaquie était 7,7% supérieure à celle de l'Autriche (3,1 milliards de dollars); mais 4,8 fois inférieure à celle de l'Allemagne (16,2 milliards de dollars), 2,8 fois inférieure à celle de la Pologne (9,6 milliards de dollars) et 12,8% inférieure à celle de la Hongrie (3,9 milliards de dollars). L'agriculture par habitant en Tchécoslovaquie était 4,8% supérieure à celle de l'Allemagne (207,4 de dollars); mais 47,0% inférieure à celle de l'Autriche (410,2 de dollars), 40,4% inférieure à celle de la Hongrie (364,9 de dollars) et 16,1% inférieure à celle de la Pologne (259,1 de dollars). La croissance de l'agriculture en Tchécoslovaquie était supérieure à celle de la Hongrie (2,7%), de l'Allemagne (1,8%), de la Pologne (0,99%) et de l'Autriche (-0,28%).

Comparaison avec les leaders. L'agriculture de la Tchécoslovaquie était 37,4 fois inférieure à celle de l'URSS (125,8 milliards de dollars), 28,2 fois inférieure à celle de la Chine (94,9 milliards de dollars), 20,9 fois inférieure à celle de l'Inde (70,4 milliards de dollars), 20,4 fois inférieure à celle des États-Unis (68,7 milliards de dollars) et 14,8 fois inférieure à celle du Japon (49,7 milliards de dollars). L'agriculture par habitant en Tchécoslovaquie était 2,4 fois supérieure à celle de l'Inde (90,7 de dollars) et 2,5 fois supérieure à celle de la Chine (88,5 de dollars); mais 2,1 fois inférieure à celle de l'URSS (457,2 de dollars), 47,0% inférieure à celle du Japon (410,0 de dollars) et 24,2% inférieure à celle des États-Unis (286,8 de dollars). La croissance de l'agriculture en Tchécoslovaquie était supérieure à celle de l'Inde (4,4%), des États-Unis (3,7%), de l'URSS (2,8%) et du Japon (0,41%); mais inférieure à celle de la Chine (5,3%).

Chapitre V. Industrie

Exploitation minière, fabrication, services publics (ISIC C-E)

La valeur de l'industrie en Tchécoslovaquie est passé de 9,5 milliards de dollars par an dans les années 1970 à 17,0 milliards de dollars par an dans les années 1980, c'est-à-dire 7,5 milliards de dollars ou de 79,0%. La variation a été de 4,9 milliards de dollars en raison de l'augmentation de 1,4 fois des prix, et de 2,2 milliards de dollars en raison de la croissance de productivité de 1,2 fois, et de 451,5 millions de dollars en raison de la croissance démographique. La croissance annuelle moyenne de l'industrie était de 2,8%. La valeur minimale était de 5,4 milliards de dollars en 1970. La valeur maximale était de 19,5 milliards de dollars en 1987.

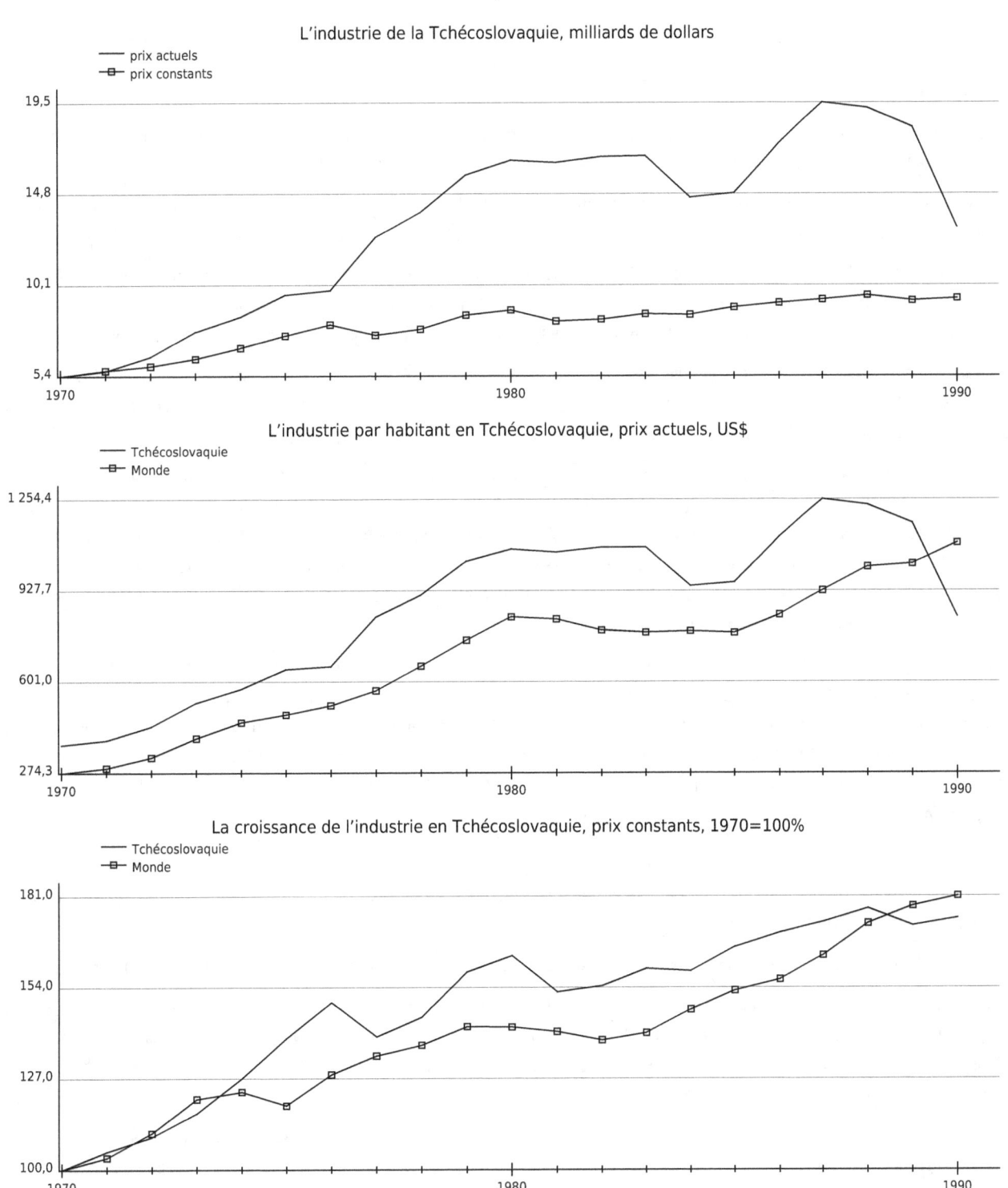

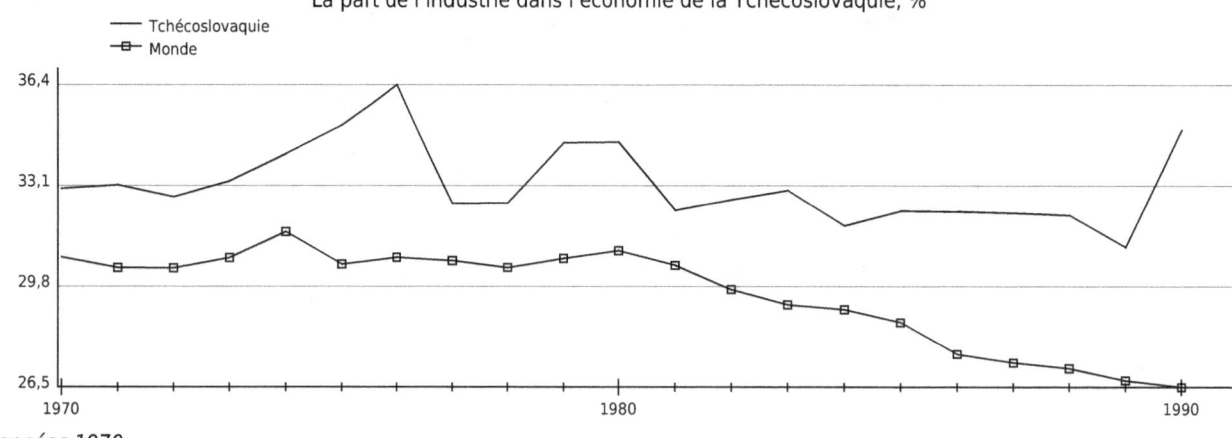

Les années 1970

La valeur de l'industrie en Tchécoslovaquie était de 9,5 milliards de dollars par an dans les années 1970, se classant au 30ème rang mondial. La part dans le monde était de 0,49% et de 1,2% en Europe.

La part de l'industrie dans l'économie de la Tchécoslovaquie était de 33,8% dans les années 1970, se classant au 38ème rang mondial, à égalité avec l'Albanie (33,9%), l'Amérique du Sud (33,5%), le Japon (34,0%).

L'industrie par habitant en Tchécoslovaquie était de 643.2 dollars dans les années 1970, au 42ème rang mondial, à égalité avec la Grèce (652,0 de dollars), l'Argentine (655,8 de dollars), l'Iran (628,5 de dollars). L'industrie par habitant en Tchécoslovaquie était 33,9% supérieure l'industrie par habitant au Monde (480,5 US$), et 43,2% inférieure l'industrie par habitant en Europe (1 131,6 US$).

La croissance de l'industrie en Tchécoslovaquie était de 5.3% dans les années 1970, se classant au 82ème rang mondial, à égalité avec les Caraïbes (5,3%), l'Europe du Sud (5,3%). La croissance de l'industrie en Tchécoslovaquie (5,3%) a été supérieure à celle du monde (4,0%), et supérieure à celle de l'Europe (3,6%).

Comparaison avec les voisins. Le secteur de l'industrie en Tchécoslovaquie était supérieur à celui de la Hongrie (4,5 milliards de dollars); mais inférieur à celui de l'Allemagne (158,4 milliards de dollars), de la Pologne (19,9 milliards de dollars) et de l'Autriche (10,8 milliards de dollars). L'industrie par habitant en Tchécoslovaquie était supérieure à celle de la Pologne (587,6 de dollars) et de la Hongrie (430,6 de dollars); mais inférieure à celle de l'Allemagne (2 011,9 de dollars) et de l'Autriche (1 423,9 de dollars). La croissance de l'industrie en Tchécoslovaquie était supérieure à celle de l'Autriche (3,8%) et de l'Allemagne (2,1%); mais inférieure à celle de la Hongrie (6,5%) et de la Pologne (6,0%).

Comparaison avec les leaders. Le secteur de l'industrie en Tchécoslovaquie était inférieur à celui des États-Unis (450,4 milliards de dollars), de l'URSS (248,8 milliards de dollars), du Japon (185,6 milliards de dollars), de l'Allemagne (158,4 milliards de dollars) et du Royaume-Uni (72,6 milliards de dollars). L'industrie par habitant en Tchécoslovaquie était inférieure à celle des États-Unis (2 063,8 de dollars), de l'Allemagne (2 011,9 de dollars), du Japon (1 666,5 de dollars), du Royaume-Uni (1 295,1 de dollars) et de l'URSS (986,6 de dollars). La croissance de l'industrie en Tchécoslovaquie était supérieure à celle de l'URSS (5,2%), du Japon (4,5%), des États-Unis (2,4%), de l'Allemagne (2,1%) et du Royaume-Uni (1,9%).

Les années 1980

La valeur de l'industrie en Tchécoslovaquie était de 17,0 milliards de dollars par an dans les années 1980, au 36ème rang mondial. La part dans le monde était de 0,41% et de 1,1% en Europe.

La part de l'industrie dans l'économie de la Tchécoslovaquie était de 32,4% dans les années 1980, se situant au 34ème rang mondial.

L'industrie par habitant en Tchécoslovaquie était de 1098.9 dollars dans les années 1980, au 48ème rang mondial, à égalité avec l'URSS (1 110,8 de dollars), les Bermudes (1 121,7 de dollars), le Mexique (1 123,6 de dollars). L'industrie par habitant en Tchécoslovaquie était 27,5% supérieure l'industrie par habitant au Monde (861,8 US$), et 43,2% inférieure l'industrie par habitant en Europe (1 933,8 US$).

La croissance de l'industrie en Tchécoslovaquie était de 0.8% dans les années 1980, au 143ème rang mondial. La croissance de l'industrie en Tchécoslovaquie (0,83%) a été inférieure à celle du monde (2,3%), et inférieure à celle de l'Europe (2,3%).

Chapitre V. Industrie

Comparaison avec les voisins. L'industrie de la Tchécoslovaquie était 2,1 fois supérieure à celle de la Hongrie (8,1 milliards de dollars); mais 17,5 fois inférieure à celle de l'Allemagne (297,5 milliards de dollars), 41,3% inférieure à celle de la Pologne (29,0 milliards de dollars) et 23,5% inférieure à celle de l'Autriche (22,3 milliards de dollars). L'industrie par habitant en Tchécoslovaquie était 39,7% supérieure à celle de la Pologne (786,4 de dollars) et 44,3% supérieure à celle de la Hongrie (761,4 de dollars); mais 3,5 fois inférieure à celle de l'Allemagne (3 812,7 de dollars) et 2,7 fois inférieure à celle de l'Autriche (2 918,4 de dollars). La croissance de l'industrie en Tchécoslovaquie était inférieure à celle de l'Autriche (2,1%), de la Pologne (1,3%), de l'Allemagne (1,2%) et de la Hongrie (1,1%).

Comparaison avec les leaders. La valeur ajoutée de l'industrie en Tchécoslovaquie était 58,8 fois inférieure à celle des États-Unis (1,0 billions de dollars), 33,3 fois inférieure à celle du Japon (566,4 milliards de dollars), 18,0 fois inférieure à celle de l'URSS (305,7 milliards de dollars), 17,5 fois inférieure à celle de l'Allemagne (297,5 milliards de dollars) et 10,1 fois inférieure à celle du Royaume-Uni (171,2 milliards de dollars). L'industrie par habitant en Tchécoslovaquie était 4,2 fois inférieure à celle du Japon (4 670,2 de dollars), 3,8 fois inférieure à celle des États-Unis (4 176,6 de dollars), 3,5 fois inférieure à celle de l'Allemagne (3 812,7 de dollars), 2,8 fois inférieure à celle du Royaume-Uni (3 032,7 de dollars) et 1,1% inférieure à celle de l'URSS (1 110,8 de dollars). La croissance de l'industrie en Tchécoslovaquie était inférieure à celle de l'URSS (5,3%), du Japon (4,2%), des États-Unis (1,9%), du Royaume-Uni (1,4%) et de l'Allemagne (1,2%).

Chapitre 5.1. Fabrication

(ISIC D)

La fabrication de la Tchécoslovaquie est passé de 9,5 milliards de dollars par an dans les années 1970 à 17,0 milliards de dollars par an dans les années 1980, c'est-à-dire 7,5 milliards de dollars ou de 79,0%. La variation a été de 4,9 milliards de dollars en raison de l'augmentation de 1,4 fois des prix, et de 2,2 milliards de dollars en raison de la croissance de productivité de 1,2 fois, et de 451,5 millions de dollars en raison de la croissance démographique. La croissance annuelle moyenne de l'industrie de transformation était de 2,8%. La valeur minimale était de 5,4 milliards de dollars en 1970. La valeur maximale était de 19,5 milliards de dollars en 1987.

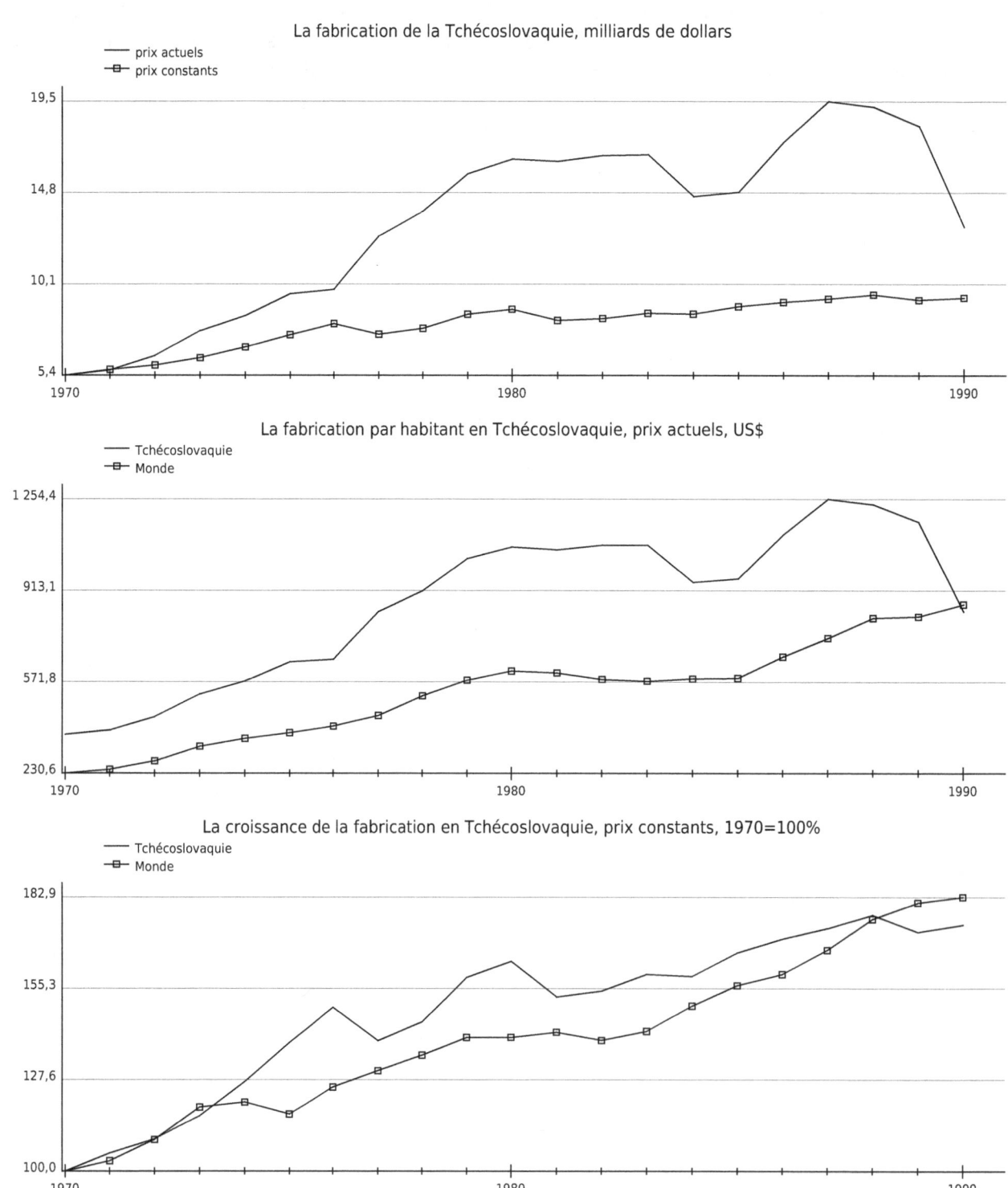

Chapitre 5.1. Fabrication

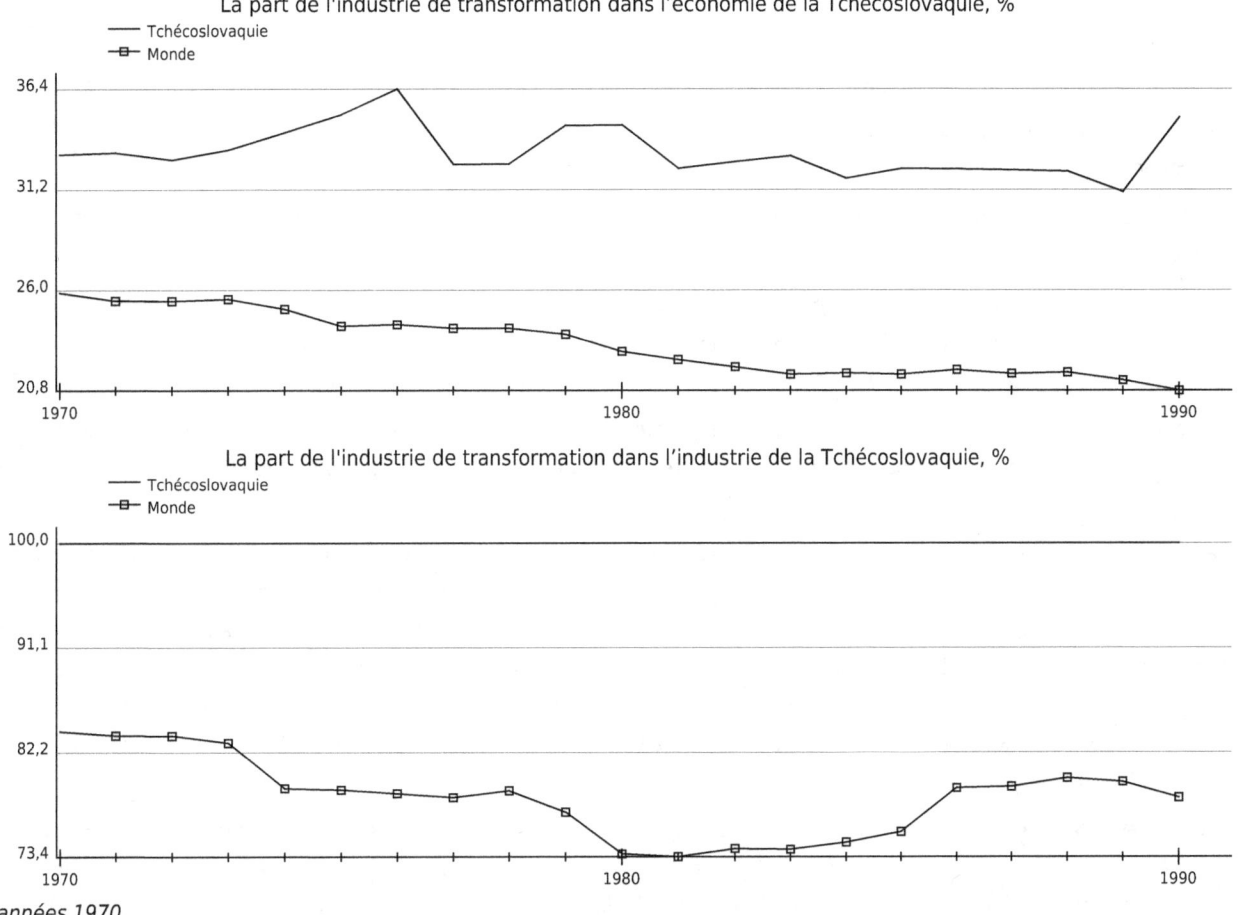

Les années 1970

La valeur de l'industrie de transformation en Tchécoslovaquie était de 9,5 milliards de dollars par an dans les années 1970, se situant au 22ème rang mondial à égalité avec la Roumanie (9,4 milliards de dollars). La part dans le monde était de 0,61% et de 1,3% en Europe.

La part de la fabrication dans l'économie de la Tchécoslovaquie était de 33,8% dans les années 1970, au 4ème rang mondial, à égalité avec la République dominicaine (33,6%).

La fabrication par habitant en Tchécoslovaquie était de 643.2 dollars dans les années 1970, au 30ème rang mondial. La fabrication par habitant en Tchécoslovaquie était 67,8% supérieure la fabrication par habitant au Monde (383,2 US$), et 36,9% inférieure la fabrication par habitant en Europe (1 019,3 US$).

La croissance de l'industrie de transformation en Tchécoslovaquie était de 5.3% dans les années 1970, au 85ème rang mondial, à égalité avec l'Est (5,2%), le Portugal (5,3%). La croissance de l'industrie de transformation en Tchécoslovaquie (5,3%) a été supérieure à celle du monde (3,8%), et supérieure à celle de l'Europe (3,5%).

Comparaison avec les voisins. La fabrication de la Tchécoslovaquie était supérieure à celle de l'Autriche (9,2 milliards de dollars) et de la Hongrie (3,2 milliards de dollars); mais inférieure à celle de l'Allemagne (138,0 milliards de dollars) et de la Pologne (15,0 milliards de dollars). La fabrication par habitant en Tchécoslovaquie était supérieure à celle de la Pologne (444,1 de dollars) et de la Hongrie (304,2 de dollars); mais inférieure à celle de l'Allemagne (1 752,1 de dollars) et de l'Autriche (1 215,4 de dollars). La croissance de la fabrication en Tchécoslovaquie était supérieure à celle de l'Autriche (3,7%) et de l'Allemagne (2,1%); mais inférieure à celle de la Hongrie (6,6%) et de la Pologne (6,0%).

Comparaison avec les leaders. La valeur ajoutée de l'industrie de transformation en Tchécoslovaquie était inférieure à celle des États-Unis (378,0 milliards de dollars), de l'URSS (248,8 milliards de dollars), du Japon (169,3 milliards de dollars), de l'Allemagne (138,0 milliards de dollars) et de la France (64,5 milliards de dollars). La fabrication par habitant en Tchécoslovaquie était inférieure à celle de l'Allemagne (1 752,1 de dollars), des États-Unis (1 731,8 de dollars), du Japon (1 520,6 de dollars), de la France (1 203,0 de dollars) et de l'URSS (986,6 de dollars). La croissance de la fabrication en Tchécoslovaquie était supérieure à celle de l'URSS (5,2%), du Japon (4,5%), de la France (3,5%), des États-Unis (2,7%) et de l'Allemagne (2,1%).

Les années 1980

Le secteur de l'industrie de transformation en Tchécoslovaquie était de 17,0 milliards de dollars par an dans les années 1980, se classant au 27ème rang mondial à égalité avec l'Afrique du Sud (17,2 milliards de dollars). La part dans le monde était de 0,53% et de 1,3% en Europe.

La part de l'industrie de transformation dans l'économie de la Tchécoslovaquie était de 32,4% dans les années 1980, se situant au 6ème rang mondial.

La fabrication par habitant en Tchécoslovaquie était de 1098.9 dollars dans les années 1980, se classant au 34ème rang mondial, à égalité avec le Koweït (1 097,5 de dollars), l'URSS (1 110,8 de dollars). La fabrication par habitant en Tchécoslovaquie était 66,2% supérieure la fabrication par habitant au Monde (661,2 US$), et 34,3% inférieure la fabrication par habitant en Europe (1 672,2 US$).

La croissance de l'industrie de transformation en Tchécoslovaquie était de 0.8% dans les années 1980, au 145ème rang mondial. La croissance de la fabrication en Tchécoslovaquie (0,83%) a été inférieure à celle du monde (2,6%), et inférieure à celle de l'Europe (2,1%).

Comparaison avec les voisins. La valeur ajoutée de l'industrie de transformation en Tchécoslovaquie était 3,0 fois supérieure à celle de la Hongrie (5,6 milliards de dollars); mais 15,2 fois inférieure à celle de l'Allemagne (258,7 milliards de dollars), 22,3% inférieure à celle de la Pologne (21,9 milliards de dollars) et 7,5% inférieure à celle de l'Autriche (18,4 milliards de dollars). La fabrication par habitant en Tchécoslovaquie était 84,9% supérieure à celle de la Pologne (594,4 de dollars) et 2,1 fois supérieure à celle de la Hongrie (532,8 de dollars); mais 3,0 fois inférieure à celle de l'Allemagne (3 316,0 de dollars) et 2,2 fois inférieure à celle de l'Autriche (2 412,9 de dollars). La croissance de la fabrication en Tchécoslovaquie était inférieure à celle de l'Autriche (2,5%), de la Pologne (1,4%), de la Hongrie (1,4%) et de l'Allemagne (1,2%).

Comparaison avec les leaders. La fabrication de la Tchécoslovaquie était 46,4 fois inférieure à celle des États-Unis (789,4 milliards de dollars), 29,4 fois inférieure à celle du Japon (501,0 milliards de dollars), 18,0 fois inférieure à celle de l'URSS (305,7 milliards de dollars), 15,2 fois inférieure à celle de l'Allemagne (258,7 milliards de dollars) et 7,9 fois inférieure à celle de l'Italie (134,1 milliards de dollars). La fabrication par habitant en Tchécoslovaquie était 3,8 fois inférieure à celle du Japon (4 131,0 de dollars), 3,0 fois inférieure à celle de l'Allemagne (3 316,0 de dollars), 3,0 fois inférieure à celle des États-Unis (3 296,4 de dollars), 2,1 fois inférieure à celle de l'Italie (2 359,9 de dollars) et 1,1% inférieure à celle de l'URSS (1 110,8 de dollars). La croissance de l'industrie de transformation en Tchécoslovaquie était inférieure à celle de l'URSS (5,3%), du Japon (4,4%), de l'Italie (2,5%), des États-Unis (1,9%) et de l'Allemagne (1,2%).

Chapitre VI. Construction

(ISIC F)

La valeur de la construction en Tchécoslovaquie est passé de 2,6 milliards de dollars par an dans les années 1970 à 4,2 milliards de dollars par an dans les années 1980, c'est-à-dire 1,7 milliards de dollars ou de 65,8%. La variation a été de 1,2 milliards de dollars en raison de l'augmentation de 1,4 fois des prix, et de 332,2 millions de dollars en raison de la croissance de productivité de 1,1 fois, et de 121,5 millions de dollars en raison de la croissance démographique. La croissance annuelle moyenne de la construction était de 2,8%. La valeur minimale était de 1,4 milliards de dollars en 1970. La valeur maximale était de 4,9 milliards de dollars en 1987.

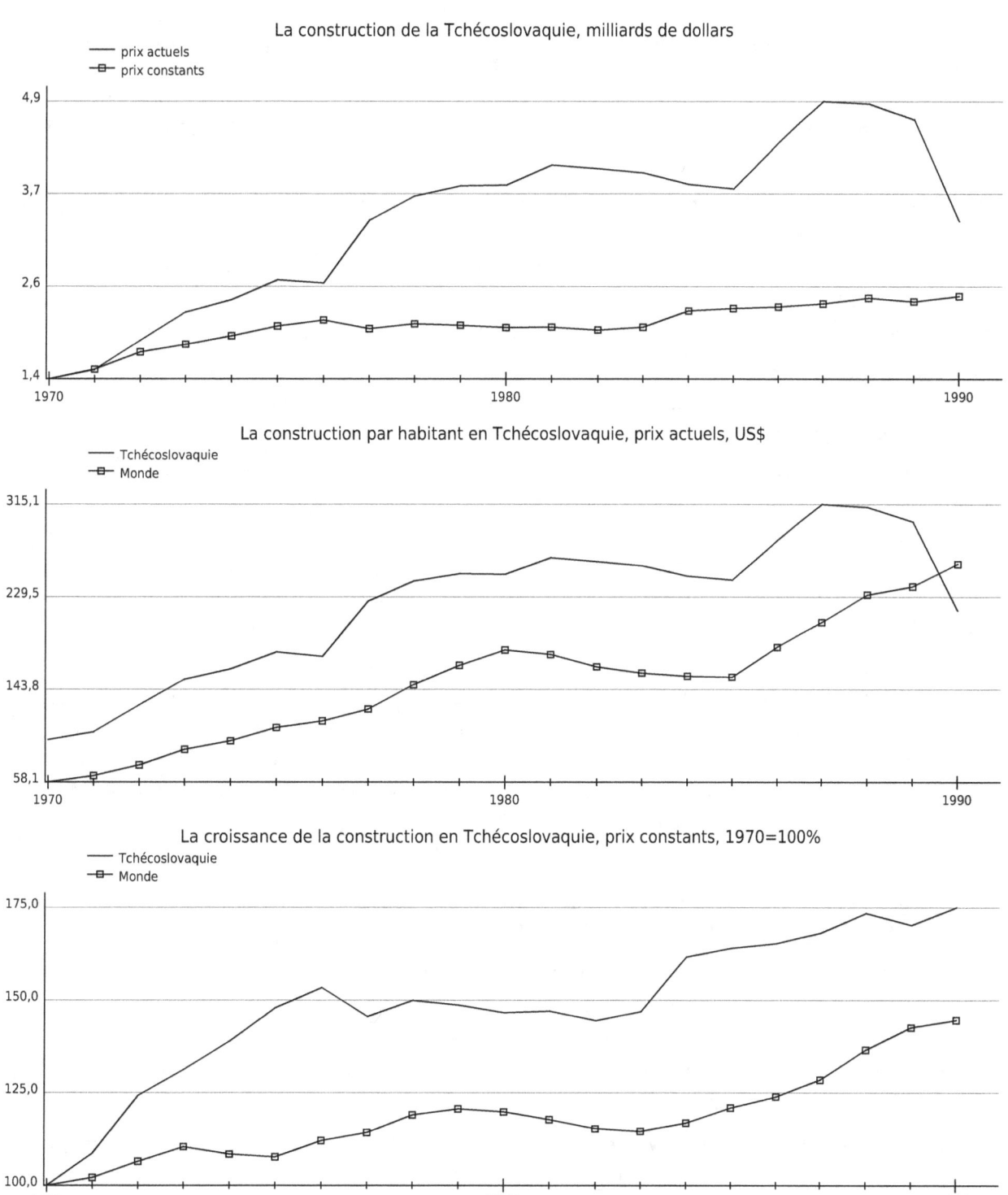

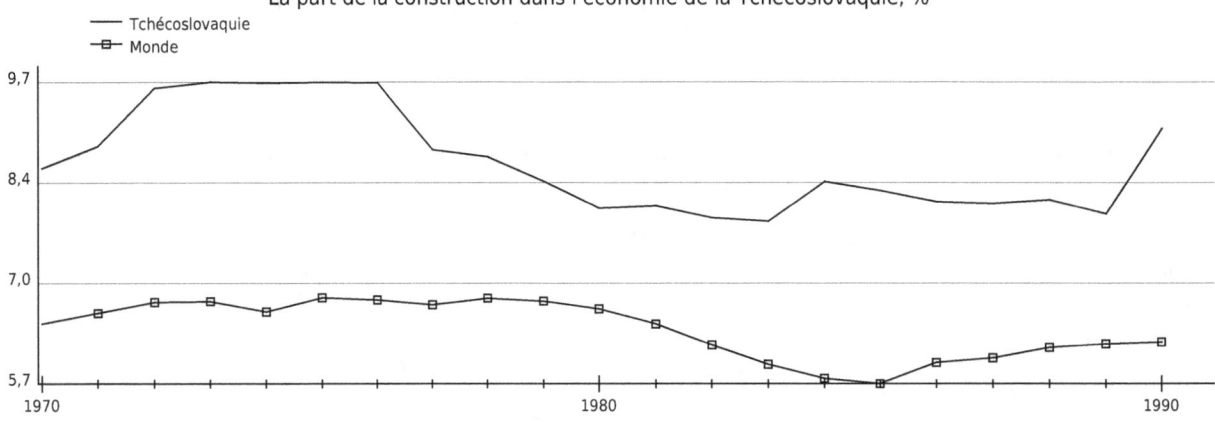

Les années 1970

Le secteur de la construction en Tchécoslovaquie était de 2,6 milliards de dollars par an dans les années 1970, au 28ème rang mondial. La part dans le monde était de 0,60% et de 1,3% en Europe.

La part de la construction dans l'économie de la Tchécoslovaquie était de 9,1% dans les années 1970, se classant au 31ème rang mondial, à égalité avec la Libye (9,1%), le Malawi (9,1%), l'Autriche (9,1%).

La construction par habitant en Tchécoslovaquie était de 173.1 dollars dans les années 1970, au 51ème rang mondial, à égalité avec Hong Kong (174,1 de dollars), Porto Rico (174,8 de dollars). La construction par habitant en Tchécoslovaquie était 63,1% supérieure la construction par habitant au Monde (106,1 US$), et 37,7% inférieure la construction par habitant en Europe (277,9 US$).

La croissance de la construction en Tchécoslovaquie était de 4.5% dans les années 1970, se classant au 95ème rang mondial, à égalité avec l'Afrique (4,5%), les Comores (4,5%). La croissance de la construction en Tchécoslovaquie (4,5%) a été supérieure à celle du monde (2,1%), et supérieure à celle de l'Europe (1,3%).

Comparaison avec les voisins. Le secteur de la construction en Tchécoslovaquie était supérieur à celui de la Hongrie (1,0 milliards de dollars); mais inférieur à celui de l'Allemagne (33,8 milliards de dollars), de la Pologne (5,4 milliards de dollars) et de l'Autriche (3,2 milliards de dollars). La construction par habitant en Tchécoslovaquie était supérieure à celle de la Pologne (159,5 de dollars) et de la Hongrie (98,5 de dollars); mais inférieure à celle de l'Allemagne (428,6 de dollars) et de l'Autriche (417,9 de dollars). La croissance de la construction en Tchécoslovaquie était supérieure à celle de l'Autriche (3,2%) et de l'Allemagne (0,66%); mais inférieure à celle de la Hongrie (6,4%) et de la Pologne (6,0%).

Comparaison avec les leaders. Le secteur de la construction en Tchécoslovaquie était inférieur à celui des États-Unis (81,1 milliards de dollars), de l'URSS (52,5 milliards de dollars), du Japon (43,5 milliards de dollars), de l'Allemagne (33,8 milliards de dollars) et de la France (22,4 milliards de dollars). La construction par habitant en Tchécoslovaquie était inférieure à celle de l'Allemagne (428,6 de dollars), de la France (417,3 de dollars), du Japon (390,8 de dollars), des États-Unis (371,5 de dollars) et de l'URSS (208,1 de dollars). La croissance de la construction en Tchécoslovaquie était supérieure à celle du Japon (3,4%), de la France (2,0%), de l'Allemagne (0,66%) et des États-Unis (0,31%); mais inférieure à celle de l'URSS (6,5%).

Les années 1980

La valeur de la construction en Tchécoslovaquie était de 4,2 milliards de dollars par an dans les années 1980, se situant au 33ème rang mondial. La part dans le monde était de 0,47% et de 1,2% en Europe.

La part de la construction dans l'économie de la Tchécoslovaquie était de 8,1% dans les années 1980, se classant au 36ème rang mondial, à égalité avec le Liechtenstein (8,1%), Bahreïn (8,1%), la Suisse (8,1%).

La construction par habitant en Tchécoslovaquie était de 274 dollars dans les années 1980, au 56ème rang mondial. La construction par habitant en Tchécoslovaquie était 47,2% supérieure la construction par habitant au Monde (186,2 US$), et 40,8% inférieure la construction par habitant en Europe (462,7 US$).

La croissance de la construction en Tchécoslovaquie était de 1.4% dans les années 1980, se situant au 109ème rang mondial. La croissance de la construction en Tchécoslovaquie (1,4%) a été inférieure à celle du monde (1,7%), et inférieure à celle de l'Europe (1,9%).

Chapitre VI. Construction

Comparaison avec les voisins. Le secteur de la construction en Tchécoslovaquie était 2,3 fois supérieur à celui de la Hongrie (1,9 milliards de dollars); mais 13,6 fois inférieur à celui de l'Allemagne (57,8 milliards de dollars), 46,2% inférieur à celui de la Pologne (7,9 milliards de dollars) et 28,9% inférieur à celui de l'Autriche (6,0 milliards de dollars). La construction par habitant en Tchécoslovaquie était 28,1% supérieure à celle de la Pologne (213,9 de dollars) et 55,8% supérieure à celle de la Hongrie (175,9 de dollars); mais 2,9 fois inférieure à celle de l'Autriche (782,5 de dollars) et 2,7 fois inférieure à celle de l'Allemagne (740,2 de dollars). La croissance de la construction en Tchécoslovaquie était supérieure à celle de la Pologne (1,2%), de la Hongrie (0,43%), de l'Allemagne (-0,52%) et de l'Autriche (-0,57%).

Comparaison avec les leaders. La valeur de la construction en Tchécoslovaquie était 42,6 fois inférieure à celle des États-Unis (180,6 milliards de dollars), 32,7 fois inférieure à celle du Japon (138,7 milliards de dollars), 17,0 fois inférieure à celle de l'URSS (72,1 milliards de dollars), 13,6 fois inférieure à celle de l'Allemagne (57,8 milliards de dollars) et 10,0 fois inférieure à celle de la France (42,5 milliards de dollars). La construction par habitant en Tchécoslovaquie était 4,6% supérieure à celle de l'URSS (262,0 de dollars); mais 4,2 fois inférieure à celle du Japon (1 143,9 de dollars), 2,8 fois inférieure à celle des États-Unis (754,4 de dollars), 2,7 fois inférieure à celle de la France (751,9 de dollars) et 2,7 fois inférieure à celle de l'Allemagne (740,2 de dollars). La croissance de la construction en Tchécoslovaquie était supérieure à celle des États-Unis (1,1%), de la France (0,67%) et de l'Allemagne (-0,52%); mais inférieure à celle de l'URSS (6,2%) et du Japon (2,1%).

Chapitre VII. Transport

Transport et stockage (ISIC I)

La valeur ajoutée du transport en Tchécoslovaquie est passé de 1,7 milliards de dollars par an dans les années 1970 à 3,7 milliards de dollars par an dans les années 1980, c'est-à-dire 2,0 milliards de dollars ou de 2,2 fois. La variation a été de 1,0 milliards de dollars en raison de l'augmentation de 1,4 fois des prix, et de 873,0 millions de dollars en raison de la croissance de productivité de 1,5 fois, et de 80,1 millions de dollars en raison de la croissance démographique. La croissance annuelle moyenne du transport était de 1,2%. La valeur minimale était de 1,1 milliards de dollars en 1971. La valeur maximale était de 4,2 milliards de dollars en 1981.

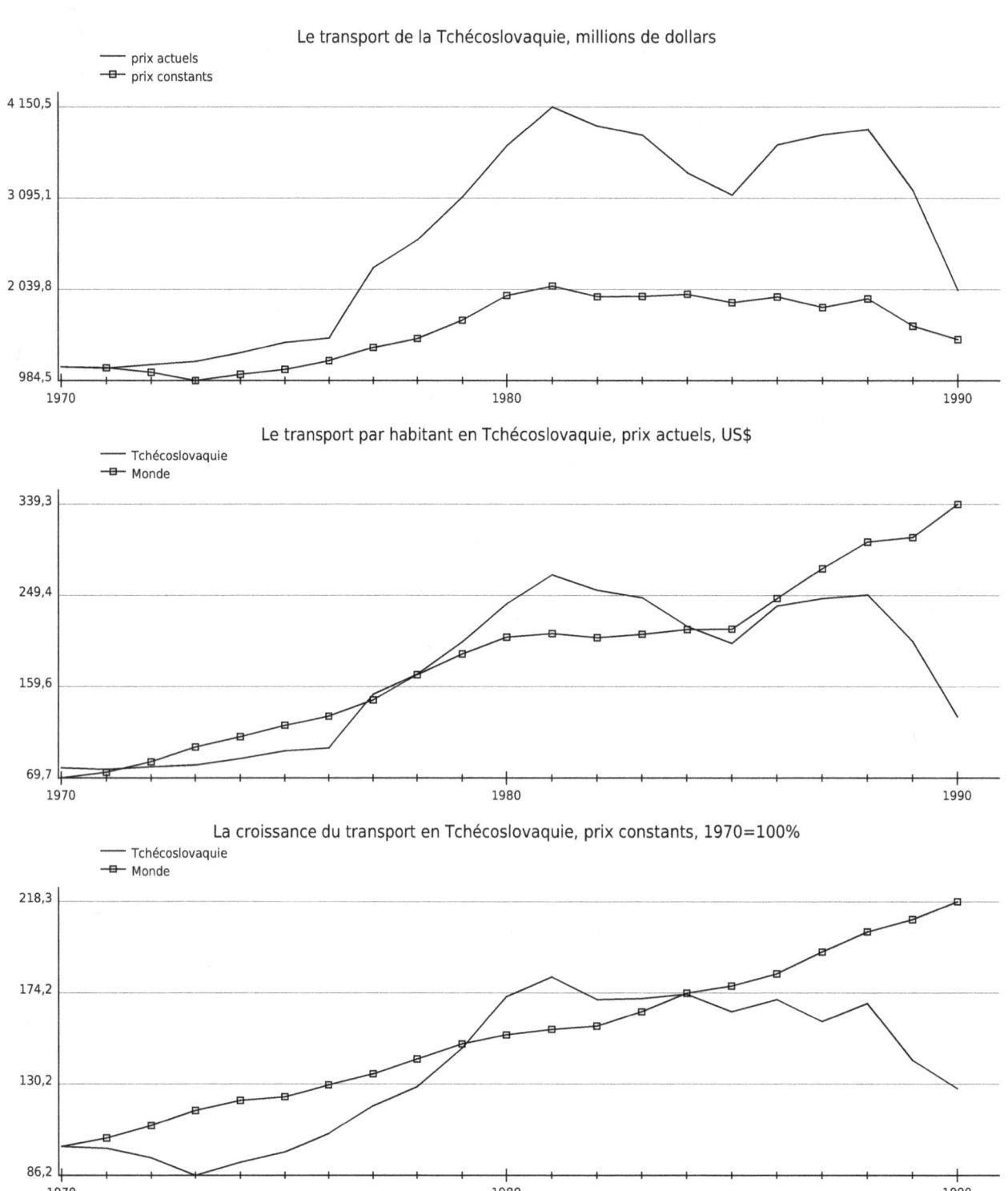

Chapitre VII. Transport

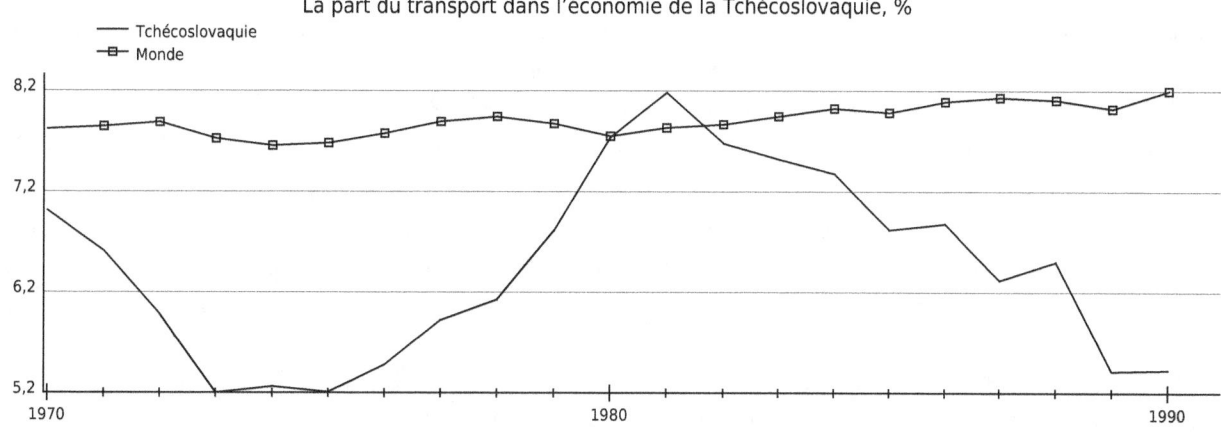

Les années 1970

Le transport de la Tchécoslovaquie était de 1,7 milliards de dollars par an dans les années 1970, se classant au 32ème rang mondial à égalité avec l'Afrique centrale (1,7 milliards de dollars). La part dans le monde était de 0,34% et de 0,94% en Europe.

La part du transport dans l'économie de la Tchécoslovaquie était de 6,0% dans les années 1970, se classant au 110ème rang mondial, à égalité avec le Suriname (6,0%), les Îles Vierges britanniques (6,0%), le Paraguay (6,0%).

Le transport par habitant en Tchécoslovaquie était de 114.1 dollars dans les années 1970, au 57ème rang mondial, à égalité avec l'URSS (114,0 de dollars), Malte (112,0 de dollars). Le transport par habitant en Tchécoslovaquie était 6,7% inférieur le transport par habitant au Monde (122,3 US$), et 2,2 fois inférieur le transport par habitant en Europe (248,3 US$).

La croissance du transport en Tchécoslovaquie était de 4.4% dans les années 1970, se classant au 109ème rang mondial, à égalité avec Montserrat (4,4%). La croissance du transport en Tchécoslovaquie (4,4%) a été inférieure à celle du monde (4,6%), et supérieure à celle de l'Europe (4,3%).

Comparaison avec les voisins. Le transport de la Tchécoslovaquie était supérieur à celui de la Hongrie (1,1 milliards de dollars); mais inférieur à celui de l'Allemagne (29,6 milliards de dollars), de l'Autriche (3,1 milliards de dollars) et de la Pologne (2,6 milliards de dollars). Le transport par habitant en Tchécoslovaquie était supérieur à celui de la Hongrie (105,7 de dollars) et de la Pologne (76,9 de dollars); mais inférieur à celui de l'Autriche (405,3 de dollars) et de l'Allemagne (376,1 de dollars). La croissance du transport en Tchécoslovaquie était supérieure à celle de l'Allemagne (3,0%); mais inférieure à celle de la Pologne (6,0%), de l'Autriche (5,9%) et de la Hongrie (5,4%).

Comparaison avec les leaders. La valeur ajoutée du transport en Tchécoslovaquie était inférieure à celle des États-Unis (168,6 milliards de dollars), du Japon (46,4 milliards de dollars), de l'Allemagne (29,6 milliards de dollars), de l'URSS (28,8 milliards de dollars) et de la France (24,0 milliards de dollars). Le transport par habitant en Tchécoslovaquie était supérieur à celui de l'URSS (114,0 de dollars); mais inférieur à celui des États-Unis (772,4 de dollars), de la France (447,4 de dollars), du Japon (416,6 de dollars) et de l'Allemagne (376,1 de dollars). La croissance du transport en Tchécoslovaquie était supérieure à celle des États-Unis (4,2%), de la France (4,1%), de l'Allemagne (3,0%) et du Japon (1,7%); mais inférieure à celle de l'URSS (8,1%).

Les années 1980

La valeur du transport en Tchécoslovaquie était de 3,7 milliards de dollars par an dans les années 1980, au 33ème rang mondial à égalité avec Hong Kong (3,6 milliards de dollars). La part dans le monde était de 0,31% et de 0,97% en Europe.

La part du transport dans l'économie de la Tchécoslovaquie était de 7,0% dans les années 1980, se situant au 101ème rang mondial.

Le transport par habitant en Tchécoslovaquie était de 237.2 dollars dans les années 1980, au 62ème rang mondial, à égalité avec la Bulgarie (235,0 de dollars), le Monde (242,0 de dollars). Le transport par habitant en Tchécoslovaquie était 2,0% inférieur le transport par habitant au Monde (242,0 US$), et 2,1 fois inférieur le transport par habitant en Europe (494,5 US$).

La croissance du transport en Tchécoslovaquie était de -0.4% dans les années 1980, au 169ème rang mondial. La croissance du transport en Tchécoslovaquie (-0,40%) a été inférieure à celle du monde (3,4%), et inférieure à celle de l'Europe (2,8%).

Comparaison avec les voisins. La valeur ajoutée du transport en Tchécoslovaquie était 75,9% supérieure à celle de la Hongrie (2,1 milliards de dollars); mais 15,4 fois inférieure à celle de l'Allemagne (56,6 milliards de dollars), 2,0 fois inférieure à celle de l'Autriche (7,4 milliards de dollars) et 2,9% inférieure à celle de la Pologne (3,8 milliards de dollars). Le transport par habitant en Tchécoslovaquie était 20,3% supérieur à celui de la Hongrie (197,2 de dollars) et 2,3 fois supérieur à celui de la Pologne (102,6 de dollars); mais 4,1 fois inférieur à celui de l'Autriche (973,8 de dollars) et 3,1 fois inférieur à celui de l'Allemagne (725,5 de dollars). La croissance du transport en Tchécoslovaquie était inférieure à celle de la Hongrie (3,0%), de l'Autriche (2,6%), de la Pologne (1,9%) et de l'Allemagne (1,8%).

Comparaison avec les leaders. La valeur du transport en Tchécoslovaquie était 107,5 fois inférieure à celle des États-Unis (394,9 milliards de dollars), 40,2 fois inférieure à celle du Japon (147,7 milliards de dollars), 15,4 fois inférieure à celle de l'Allemagne (56,6 milliards de dollars), 15,3 fois inférieure à celle de la France (56,2 milliards de dollars) et 14,4 fois inférieure à celle du Royaume-Uni (53,0 milliards de dollars). Le transport par habitant en Tchécoslovaquie était 7,0 fois inférieur à celui des États-Unis (1 649,2 de dollars), 5,1 fois inférieur à celui du Japon (1 217,8 de dollars), 4,2 fois inférieur à celui de la France (993,7 de dollars), 4,0 fois inférieur à celui du Royaume-Uni (938,7 de dollars) et 3,1 fois inférieur à celui de l'Allemagne (725,5 de dollars). La croissance du transport en Tchécoslovaquie était inférieure à celle de la France (5,4%), du Japon (4,7%), des États-Unis (3,6%), du Royaume-Uni (3,0%) et de l'Allemagne (1,8%).

Chapitre VIII. Commerce

Commerce de gros et de détail; restaurants et hôtels (ISIC G-H)

Le commerce de la Tchécoslovaquie est passé de 2,4 milliards de dollars par an dans les années 1970 à 5,8 milliards de dollars par an dans les années 1980, c'est-à-dire 3,5 milliards de dollars ou de 2,5 fois. La variation a été de 1,5 milliards de dollars en raison de l'augmentation de 1,4 fois des prix, et de 1,8 milliards de dollars en raison de la croissance de productivité de 1,7 fois, et de 111,9 millions de dollars en raison de la croissance démographique. La croissance annuelle moyenne du commerce était de 5,5%. La valeur minimale était de 1,3 milliards de dollars en 1971. La valeur maximale était de 7,3 milliards de dollars en 1988.

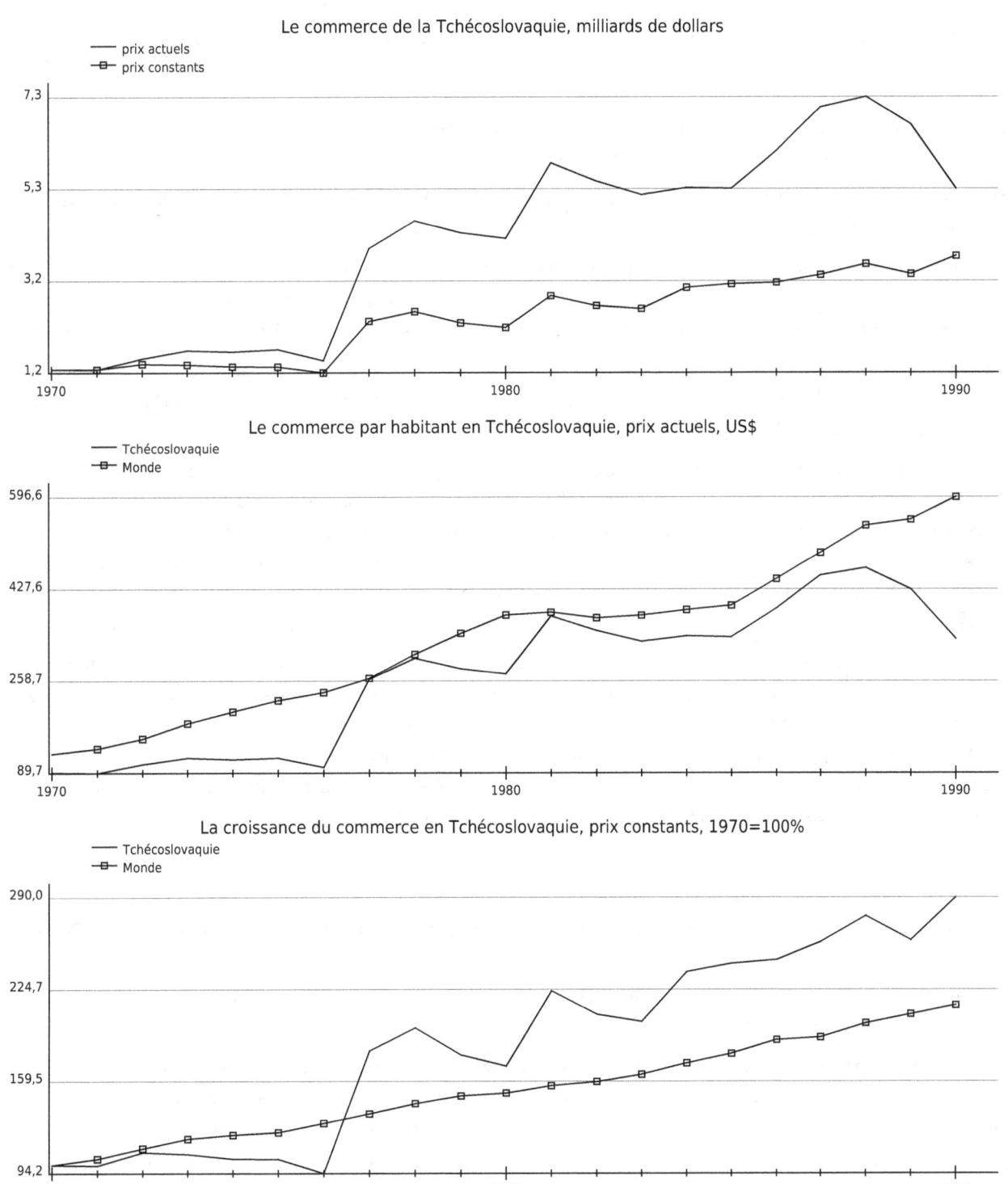

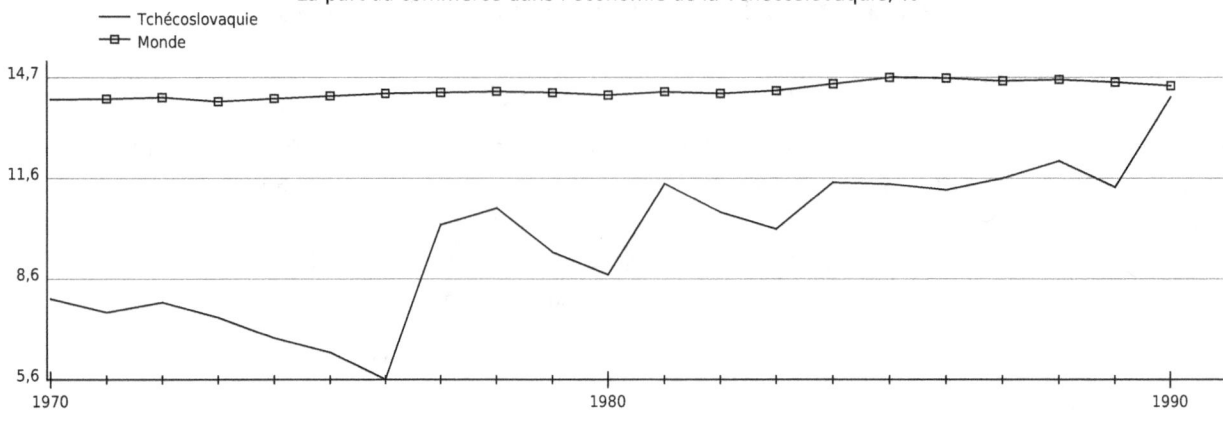

La part du commerce dans l'économie de la Tchécoslovaquie, %

Les années 1970

Le secteur du commerce en Tchécoslovaquie était de 2,4 milliards de dollars par an dans les années 1970, se situant au 39ème rang mondial. La part dans le monde était de 0,26% et de 0,72% en Europe.

La part du commerce dans l'économie de la Tchécoslovaquie était de 8,4% dans les années 1970, se classant au 161ème rang mondial, à égalité avec Saint-Christophe-et-Niévès (8,4%).

Le commerce par habitant en Tchécoslovaquie était de 159.4 dollars dans les années 1970, se situant au 80ème rang mondial, à égalité avec la Syrie (157,4 de dollars), l'Afrique australe (163,1 de dollars). Le commerce par habitant en Tchécoslovaquie était 27,9% inférieur le commerce par habitant au Monde (221,0 US$), et 2,8 fois inférieur le commerce par habitant en Europe (450,1 US$).

La croissance du commerce en Tchécoslovaquie était de 6.6% dans les années 1970, se situant au 53ème rang mondial, à égalité avec Micronésie (6,6%), les Îles Marshall (6,6%). La croissance du commerce en Tchécoslovaquie (6,6%) a été supérieure à celle du monde (4,5%), et supérieure à celle de l'Europe (3,6%).

Comparaison avec les voisins. Le commerce de la Tchécoslovaquie était supérieur à celui de la Hongrie (994,2 millions de dollars); mais inférieur à celui de l'Allemagne (61,1 milliards de dollars), de l'Autriche (5,8 milliards de dollars) et de la Pologne (4,6 milliards de dollars). Le commerce par habitant en Tchécoslovaquie était supérieur à celui de la Pologne (135,7 de dollars) et de la Hongrie (94,4 de dollars); mais inférieur à celui de l'Allemagne (775,5 de dollars) et de l'Autriche (760,5 de dollars). La croissance du commerce en Tchécoslovaquie était supérieure à celle de la Pologne (6,0%), de la Hongrie (5,3%), de l'Autriche (4,6%) et de l'Allemagne (3,0%).

Comparaison avec les leaders. La valeur ajoutée du commerce en Tchécoslovaquie était inférieure à celle des États-Unis (278,3 milliards de dollars), du Japon (90,3 milliards de dollars), de l'URSS (62,3 milliards de dollars), de l'Allemagne (61,1 milliards de dollars) et de la France (40,9 milliards de dollars). Le commerce par habitant en Tchécoslovaquie était inférieur à celui des États-Unis (1 275,1 de dollars), du Japon (811,1 de dollars), de l'Allemagne (775,5 de dollars), de la France (762,4 de dollars) et de l'URSS (247,1 de dollars). La croissance du commerce en Tchécoslovaquie était supérieure à celle de l'URSS (5,2%), de la France (3,9%), des États-Unis (3,9%) et de l'Allemagne (3,0%); mais inférieure à celle du Japon (8,2%).

Les années 1980

La valeur ajoutée du commerce en Tchécoslovaquie était de 5,8 milliards de dollars par an dans les années 1980, se classant au 43ème rang mondial à égalité avec le Venezuela (5,8 milliards de dollars), les Philippines (5,9 milliards de dollars). La part dans le monde était de 0,27% et de 0,82% en Europe.

La part du commerce dans l'économie de la Tchécoslovaquie était de 11,1% dans les années 1980, se classant au 145ème rang mondial, à égalité avec les Kiribati (11,1%), la Malaisie (11,1%), l'Irak (11,1%).

Le commerce par habitant en Tchécoslovaquie était de 375.3 dollars dans les années 1980, se situant au 72ème rang mondial, à égalité avec le Gabon (382,3 de dollars). Le commerce par habitant en Tchécoslovaquie était 14,3% inférieur le commerce par habitant au Monde (437,7 US$), et 2,5 fois inférieur le commerce par habitant en Europe (921,4 US$).

La croissance du commerce en Tchécoslovaquie était de 3.8% dans les années 1980, se situant au 58ème rang mondial, à égalité avec le Luxembourg (3,9%). La croissance du commerce en Tchécoslovaquie (3,8%) a été supérieure à celle du monde (3,3%), et

Chapitre VIII. Commerce

supérieure à celle de l'Europe (1,9%).

Comparaison avec les voisins. La valeur du commerce en Tchécoslovaquie était 2,8 fois supérieure à celle de la Hongrie (2,1 milliards de dollars); mais 20,1 fois inférieure à celle de l'Allemagne (116,7 milliards de dollars), 2,4 fois inférieure à celle de l'Autriche (14,2 milliards de dollars) et 12,6% inférieure à celle de la Pologne (6,7 milliards de dollars). Le commerce par habitant en Tchécoslovaquie était 92,7% supérieur à celui de la Hongrie (194,8 de dollars) et 2,1 fois supérieur à celui de la Pologne (180,5 de dollars); mais 4,9 fois inférieur à celui de l'Autriche (1 855,9 de dollars) et 4,0 fois inférieur à celui de l'Allemagne (1 496,0 de dollars). La croissance du commerce en Tchécoslovaquie était supérieure à celle de l'Autriche (2,6%), de l'Allemagne (1,8%), de la Pologne (1,6%) et de la Hongrie (0,77%).

Comparaison avec les leaders. Le secteur du commerce en Tchécoslovaquie était 112,4 fois inférieur à celui des États-Unis (653,3 milliards de dollars), 47,7 fois inférieur à celui du Japon (277,3 milliards de dollars), 20,1 fois inférieur à celui de l'Allemagne (116,7 milliards de dollars), 19,3 fois inférieur à celui de l'URSS (112,3 milliards de dollars) et 16,5 fois inférieur à celui de l'Italie (95,7 milliards de dollars). Le commerce par habitant en Tchécoslovaquie était 7,3 fois inférieur à celui des États-Unis (2 728,2 de dollars), 6,1 fois inférieur à celui du Japon (2 286,5 de dollars), 4,5 fois inférieur à celui de l'Italie (1 684,2 de dollars), 4,0 fois inférieur à celui de l'Allemagne (1 496,0 de dollars) et 8,0% inférieur à celui de l'URSS (408,1 de dollars). La croissance du commerce en Tchécoslovaquie était supérieure à celle de l'Italie (2,3%), de l'Allemagne (1,8%) et de l'URSS (-0,62%); mais inférieure à celle du Japon (4,9%) et des États-Unis (4,4%).

Chapitre IX. Services

(ISIC J-P)

Les services de la Tchécoslovaquie sont passés de 9,9 milliards de dollars par an dans les années 1970 à 18,4 milliards de dollars par an dans les années 1980, c'est-à-dire 8,5 milliards de dollars ou de 86,0%. La variation a été de 5,3 milliards de dollars en raison de l'augmentation de 1,4 fois des prix, et de 2,8 milliards de dollars en raison de la croissance de productivité de 1,3 fois, et de 469,9 millions de dollars en raison de la croissance démographique. La croissance annuelle moyenne des services était de 1,6%. La valeur minimale était de 5,6 milliards de dollars en 1970. La valeur maximale était de 21,7 milliards de dollars en 1987.

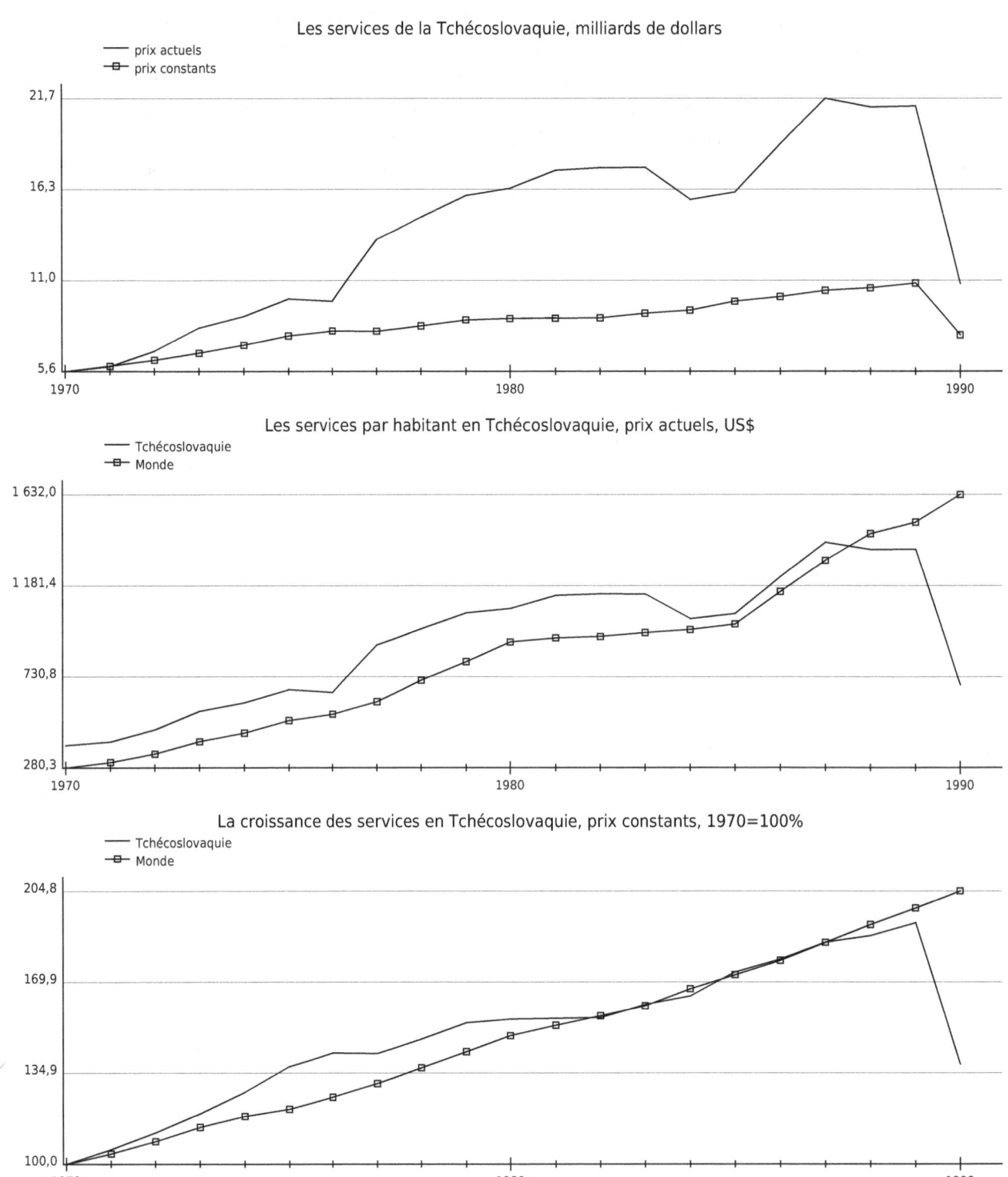

Chapitre IX. Services

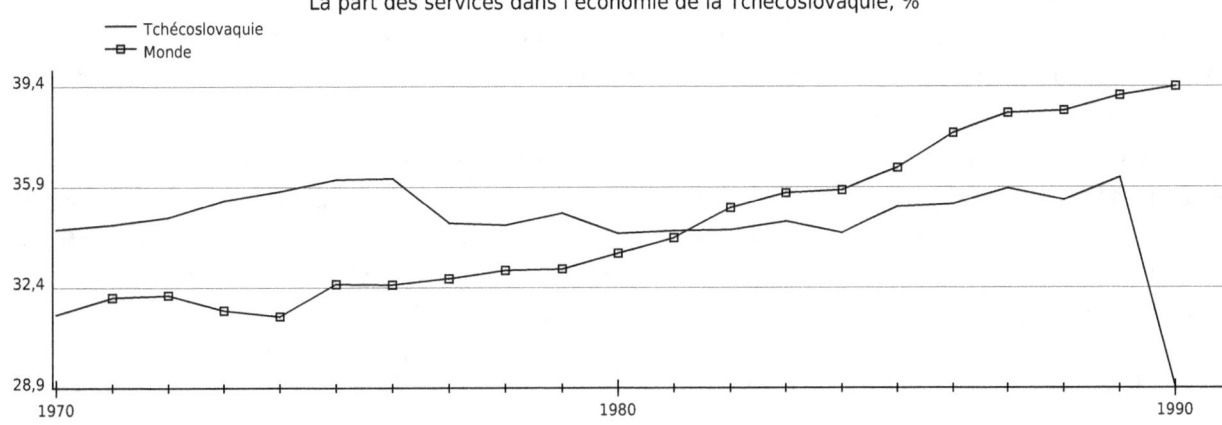

La part des services dans l'économie de la Tchécoslovaquie, %

Les années 1970

Les services de la Tchécoslovaquie étaient de 9,9 milliards de dollars par an dans les années 1970, se situant au 26ème rang mondial à égalité avec l'Afrique australe (9,9 milliards de dollars), l'Autriche (10,0 milliards de dollars). La part dans le monde était de 0,48% et de 1,2% en Europe.

La part des services dans l'économie de la Tchécoslovaquie était de 35,1% dans les années 1970, se situant au 46ème rang mondial, à égalité avec les îles Cook (35,0%), Porto Rico (35,0%), la Belgique (34,9%).

Les services par habitant en Tchécoslovaquie étaient de 669.4 dollars dans les années 1970, se situant au 48ème rang mondial, à égalité avec l'URSS (667,3 de dollars), la Barbade (658,5 de dollars), le Liban (654,7 de dollars). Les services par habitant en Tchécoslovaquie étaient 32,1% supérieures les services par habitant au Monde (506,9 US$), et 40,8% inférieures les services par habitant en Europe (1 130,2 US$).

La croissance des services en Tchécoslovaquie était de 4.9% dans les années 1970, se classant au 93ème rang mondial, à égalité avec les Caraïbes (4,9%), le Costa Rica (5,0%), la Polynésie (5,0%). La croissance des services en Tchécoslovaquie (4,9%) a été supérieure à celle du monde (4,1%), et supérieure à celle de l'Europe (3,7%).

Comparaison avec les voisins. Les services de la Tchécoslovaquie étaient supérieures à celles de la Pologne (9,5 milliards de dollars) et de la Hongrie (2,6 milliards de dollars); mais inférieures à celles de l'Allemagne (150,2 milliards de dollars) et de l'Autriche (10,0 milliards de dollars). Les services par habitant en Tchécoslovaquie étaient supérieures à celles de la Pologne (280,3 de dollars) et de la Hongrie (246,2 de dollars); mais inférieures à celles de l'Allemagne (1 907,6 de dollars) et de l'Autriche (1 318,9 de dollars). La croissance des services en Tchécoslovaquie était supérieure à celle de l'Allemagne (4,8%) et de l'Autriche (3,9%); mais inférieure à celle de la Pologne (5,9%) et de la Hongrie (5,5%).

Comparaison avec les leaders. La valeur des services en Tchécoslovaquie était inférieure à celle des États-Unis (674,4 milliards de dollars), de l'URSS (168,3 milliards de dollars), du Japon (153,8 milliards de dollars), de l'Allemagne (150,2 milliards de dollars) et de la France (121,8 milliards de dollars). Les services par habitant en Tchécoslovaquie étaient supérieures à celles de l'URSS (667,3 de dollars); mais inférieures à celles des États-Unis (3 090,2 de dollars), de la France (2 271,8 de dollars), de l'Allemagne (1 907,6 de dollars) et du Japon (1 381,3 de dollars). La croissance des services en Tchécoslovaquie était supérieure à celle de l'Allemagne (4,8%), de la France (3,9%), des États-Unis (3,3%) et de l'URSS (0,90%); mais inférieure à celle du Japon (5,9%).

Les années 1980

La valeur des services en Tchécoslovaquie était de 18,4 milliards de dollars par an dans les années 1980, se classant au 31ème rang mondial à égalité avec la Grèce (18,6 milliards de dollars), le Venezuela (18,1 milliards de dollars). La part dans le monde était de 0,34% et de 0,98% en Europe.

La part des services dans l'économie de la Tchécoslovaquie était de 35,1% dans les années 1980, au 64ème rang mondial, à égalité avec l'Autriche (35,3%), la Tanzanie (35,3%), le Sénégal (34,8%).

Les services par habitant en Tchécoslovaquie étaient de 1188.9 dollars dans les années 1980, se classant au 58ème rang mondial, à égalité avec Saint-Christophe-et-Niévès (1 175,7 de dollars), le Suriname (1 172,7 de dollars), le Panama (1 164,6 de dollars). Les services par habitant en Tchécoslovaquie étaient 6,6% supérieures les services par habitant au Monde (1 115,5 US$), et 2,1 fois inférieures les services par habitant en Europe (2 449,2 US$).

La croissance des services en Tchécoslovaquie était de 2.2% dans les années 1980, au 141ème rang mondial, à égalité avec les Tuvalu (2,2%), l'Arabie saoudite (2,2%). La croissance des services en Tchécoslovaquie (2,2%) a été inférieure à celle du monde (3,3%), et inférieure à celle de l'Europe (3,0%).

Comparaison avec les voisins. La valeur des services en Tchécoslovaquie était 33,7% supérieure à celle de la Pologne (13,8 milliards de dollars) et 3,1 fois supérieure à celle de la Hongrie (5,9 milliards de dollars); mais 19,7 fois inférieure à celle de l'Allemagne (362,2 milliards de dollars) et 36,1% inférieure à celle de l'Autriche (28,8 milliards de dollars). Les services par habitant en Tchécoslovaquie étaient 2,1 fois supérieures à celles de la Hongrie (559,9 de dollars) et 3,2 fois supérieures à celles de la Pologne (373,6 de dollars); mais 3,9 fois inférieures à celles de l'Allemagne (4 642,6 de dollars) et 3,2 fois inférieures à celles de l'Autriche (3 781,1 de dollars). La croissance des services en Tchécoslovaquie était supérieure à celle de la Pologne (-0,64%); mais inférieure à celle de la Hongrie (5,0%), de l'Allemagne (3,1%) et de l'Autriche (2,5%).

Comparaison avec les leaders. La valeur des services en Tchécoslovaquie était 102,0 fois inférieure à celle des États-Unis (1,9 billions de dollars), 33,7 fois inférieure à celle du Japon (619,9 milliards de dollars), 19,7 fois inférieure à celle de l'Allemagne (362,2 milliards de dollars), 16,0 fois inférieure à celle de la France (294,5 milliards de dollars) et 14,4 fois inférieure à celle du Royaume-Uni (265,4 milliards de dollars). Les services par habitant en Tchécoslovaquie étaient 6,6 fois inférieures à celles des États-Unis (7 844,6 de dollars), 4,4 fois inférieures à celles de la France (5 211,0 de dollars), 4,3 fois inférieures à celles du Japon (5 111,4 de dollars), 4,0 fois inférieures à celles du Royaume-Uni (4 700,6 de dollars) et 3,9 fois inférieures à celles de l'Allemagne (4 642,6 de dollars). La croissance des services en Tchécoslovaquie était inférieure à celle du Japon (4,8%), du Royaume-Uni (3,3%), de l'Allemagne (3,1%), des États-Unis (2,8%) et de la France (2,3%).

Partie III. Consommation

Chapitre X. Dépenses publiques

Dépenses de consommation des administrations publiques

Les dépenses publiques de la Tchécoslovaquie sont passés de 5,4 milliards de dollars par an dans les années 1970 à 12,3 milliards de dollars par an dans les années 1980, c'est-à-dire 6,9 milliards de dollars ou de 2,3 fois. La variation a été de 3,4 milliards de dollars en raison de l'augmentation de 1,4 fois des prix, et de 3,2 milliards de dollars en raison de la croissance du taux par habitant de 1,6 fois, et de 255,3 millions de dollars en raison de la croissance démographique. La croissance annuelle moyenne des dépenses publiques était de 4,9%. La valeur minimale était de 2,7 milliards de dollars en 1970. La valeur maximale était de 15,2 milliards de dollars en 1987.

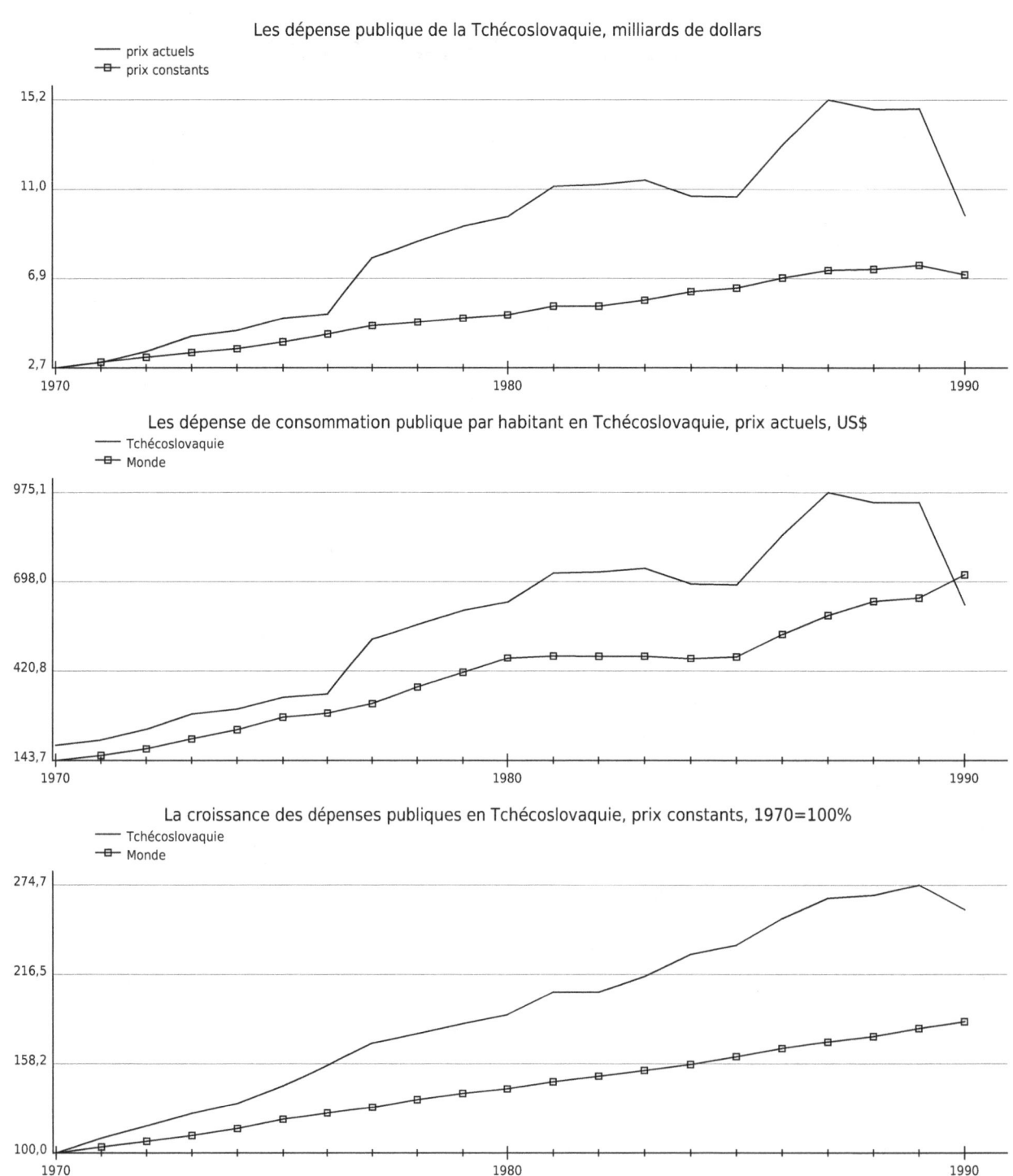

Chapitre X. Dépenses publiques

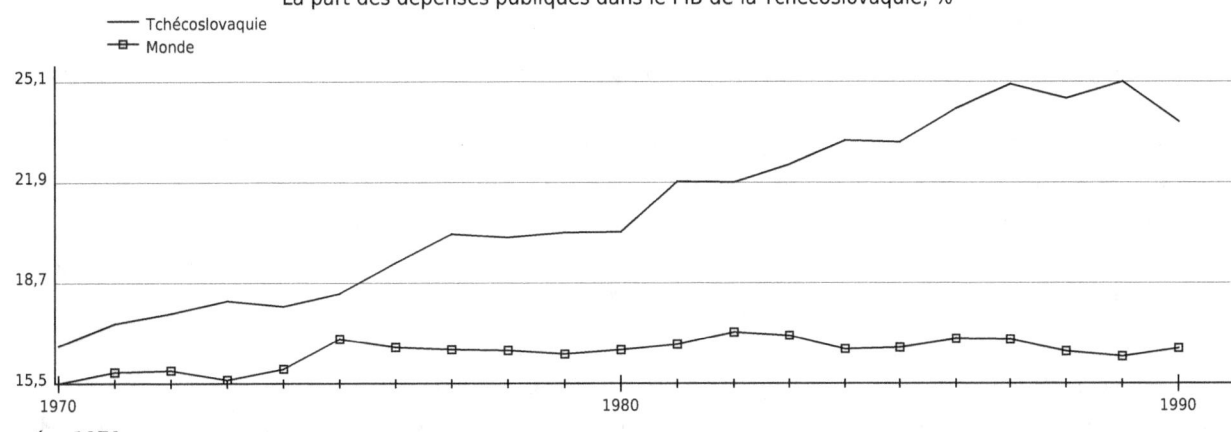

Les années 1970

Les dépenses publiques de la Tchécoslovaquie étaient de 5,4 milliards de dollars par an dans les années 1970, au 28ème rang mondial à égalité avec l'Afrique australe (5,4 milliards de dollars). La part dans le monde était de 0,50% et de 1,1% en Europe.

La part des dépenses publiques dans le PIB de la Tchécoslovaquie était de 19,1% dans les années 1970, se situant au 59ème rang mondial, à égalité avec l'Irlande (19,1%), l'Europe de l'Ouest (19,1%), le Bénin (19,0%).

Les dépense de consommation publique par habitant en Tchécoslovaquie étaient de 363.6 dollars dans les années 1970, se classant au 54ème rang mondial, à égalité avec les Tuvalu (364,2 de dollars). Les dépense de consommation publique par habitant en Tchécoslovaquie étaient 37,1% supérieures les dépense publique par habitant au Monde (265,2 US$), et 46,4% inférieures les dépenses publiques par habitant en Europe (678,9 US$).

La croissance des dépenses publiques en Tchécoslovaquie était de 7% dans les années 1970, se situant au 60ème rang mondial, à égalité avec le Yémen (7,0%). La croissance des dépenses publiques en Tchécoslovaquie (7,0%) a été supérieure à celle du monde (3,7%), et supérieure à celle de l'Europe (4,5%).

Comparaison avec les voisins. Les dépense de consommation publique de la Tchécoslovaquie étaient supérieures à celles de la Hongrie (2,4 milliards de dollars); mais inférieures à celles de l'Allemagne (95,6 milliards de dollars), de la Pologne (9,7 milliards de dollars) et de l'Autriche (6,4 milliards de dollars). Les dépense de consommation publique par habitant en Tchécoslovaquie étaient supérieures à celles de la Pologne (286,0 de dollars) et de la Hongrie (225,3 de dollars); mais inférieures à celles de l'Allemagne (1 213,7 de dollars) et de l'Autriche (847,4 de dollars). La croissance des dépenses publiques en Tchécoslovaquie était supérieure à celle de la Pologne (6,2%), de la Hongrie (5,2%), de l'Allemagne (4,4%) et de l'Autriche (3,6%).

Comparaison avec les leaders. Les dépenses publiques de la Tchécoslovaquie étaient inférieures à celles des États-Unis (285,9 milliards de dollars), de l'URSS (117,3 milliards de dollars), de l'Allemagne (95,6 milliards de dollars), du Japon (78,0 milliards de dollars) et de la France (64,5 milliards de dollars). Les dépense publique par habitant en Tchécoslovaquie étaient inférieures à celles des États-Unis (1 310,2 de dollars), de l'Allemagne (1 213,7 de dollars), de la France (1 202,3 de dollars), du Japon (700,2 de dollars) et de l'URSS (465,0 de dollars). La croissance des dépenses publiques en Tchécoslovaquie était supérieure à celle du Japon (5,3%), de la France (5,0%), de l'Allemagne (4,4%) et des États-Unis (0,94%); mais inférieure à celle de l'URSS (7,2%).

Les années 1980

Les dépense publique de la Tchécoslovaquie étaient de 12,3 milliards de dollars par an dans les années 1980, se situant au 29ème rang mondial. La part dans le monde était de 0,48% et de 1,1% en Europe.

La part des dépenses publiques dans le PIB de la Tchécoslovaquie était de 23,3% dans les années 1980, se situant au 37ème rang mondial, à égalité avec le Yémen (23,2%).

Les dépense publique par habitant en Tchécoslovaquie étaient de 791.7 dollars dans les années 1980, se situant au 53ème rang mondial, à égalité avec Singapour (795,8 de dollars), le Venezuela (782,0 de dollars). Les dépense de consommation publique par habitant en Tchécoslovaquie étaient 51,2% supérieures les dépense de consommation publique par habitant au Monde (523,5 US$), et 43,6% inférieures les dépense publique par habitant en Europe (1 404,9 US$).

La croissance des dépenses publiques en Tchécoslovaquie était de 4.1% dans les années 1980, au 73ème rang mondial, à égalité avec les Îles Marshall (4,0%), Saint-Marin (4,1%), l'Afrique du Sud (4,1%). La croissance des dépenses publiques en Tchécoslovaquie (4,1%) a été supérieure à celle du monde (2,7%), et supérieure à celle de l'Europe (2,3%).

Comparaison avec les voisins. Les dépense publique de la Tchécoslovaquie étaient 2,2 fois supérieures à celles de la Hongrie (5,6 milliards de dollars); mais 16,6 fois inférieures à celles de l'Allemagne (203,7 milliards de dollars), 27,7% inférieures à celles de l'Autriche (17,0 milliards de dollars) et 12,0% inférieures à celles de la Pologne (13,9 milliards de dollars). Les dépense publique par habitant en Tchécoslovaquie étaient 51,0% supérieures à celles de la Hongrie (524,3 de dollars) et 2,1 fois supérieures à celles de la Pologne (378,2 de dollars); mais 3,3 fois inférieures à celles de l'Allemagne (2 611,1 de dollars) et 2,8 fois inférieures à celles de l'Autriche (2 224,6 de dollars). La croissance des dépenses publiques en Tchécoslovaquie était supérieure à celle de la Hongrie (1,9%), de l'Autriche (1,6%), de l'Allemagne (0,98%) et de la Pologne (-0,61%).

Comparaison avec les leaders. Les dépense publique de la Tchécoslovaquie étaient 54,3 fois inférieures à celles des États-Unis (665,3 milliards de dollars), 21,0 fois inférieures à celles du Japon (257,4 milliards de dollars), 16,6 fois inférieures à celles de l'Allemagne (203,7 milliards de dollars), 14,8 fois inférieures à celles de l'URSS (181,1 milliards de dollars) et 13,0 fois inférieures à celles de la France (159,8 milliards de dollars). Les dépenses publiques par habitant en Tchécoslovaquie étaient 20,3% supérieures à celles de l'URSS (658,0 de dollars); mais 3,6 fois inférieures à celles de la France (2 826,9 de dollars), 3,5 fois inférieures à celles des États-Unis (2 778,2 de dollars), 3,3 fois inférieures à celles de l'Allemagne (2 611,1 de dollars) et 2,7 fois inférieures à celles du Japon (2 122,5 de dollars). La croissance des dépenses publiques en Tchécoslovaquie était supérieure à celle du Japon (3,5%), de la France (2,8%), des États-Unis (2,6%) et de l'Allemagne (0,98%); mais inférieure à celle de l'URSS (5,4%).

Chapitre XI. Dépenses ménagères

Dépenses de consommation des ménages

Les dépenses ménagères de la Tchécoslovaquie sont passés de 13,4 milliards de dollars par an dans les années 1970 à 24,8 milliards de dollars par an dans les années 1980, c'est-à-dire 11,4 milliards de dollars ou de 84,7%. La variation a été de 7,1 milliards de dollars en raison de l'augmentation de 1,4 fois des prix, et de 3,7 milliards de dollars en raison de la croissance du taux par habitant de 1,3 fois, et de 638,5 millions de dollars en raison de la croissance démographique. La croissance annuelle moyenne des dépenses ménagères était de 3,3%. La valeur minimale était de 7,7 milliards de dollars en 1970. La valeur maximale était de 28,5 milliards de dollars en 1987.

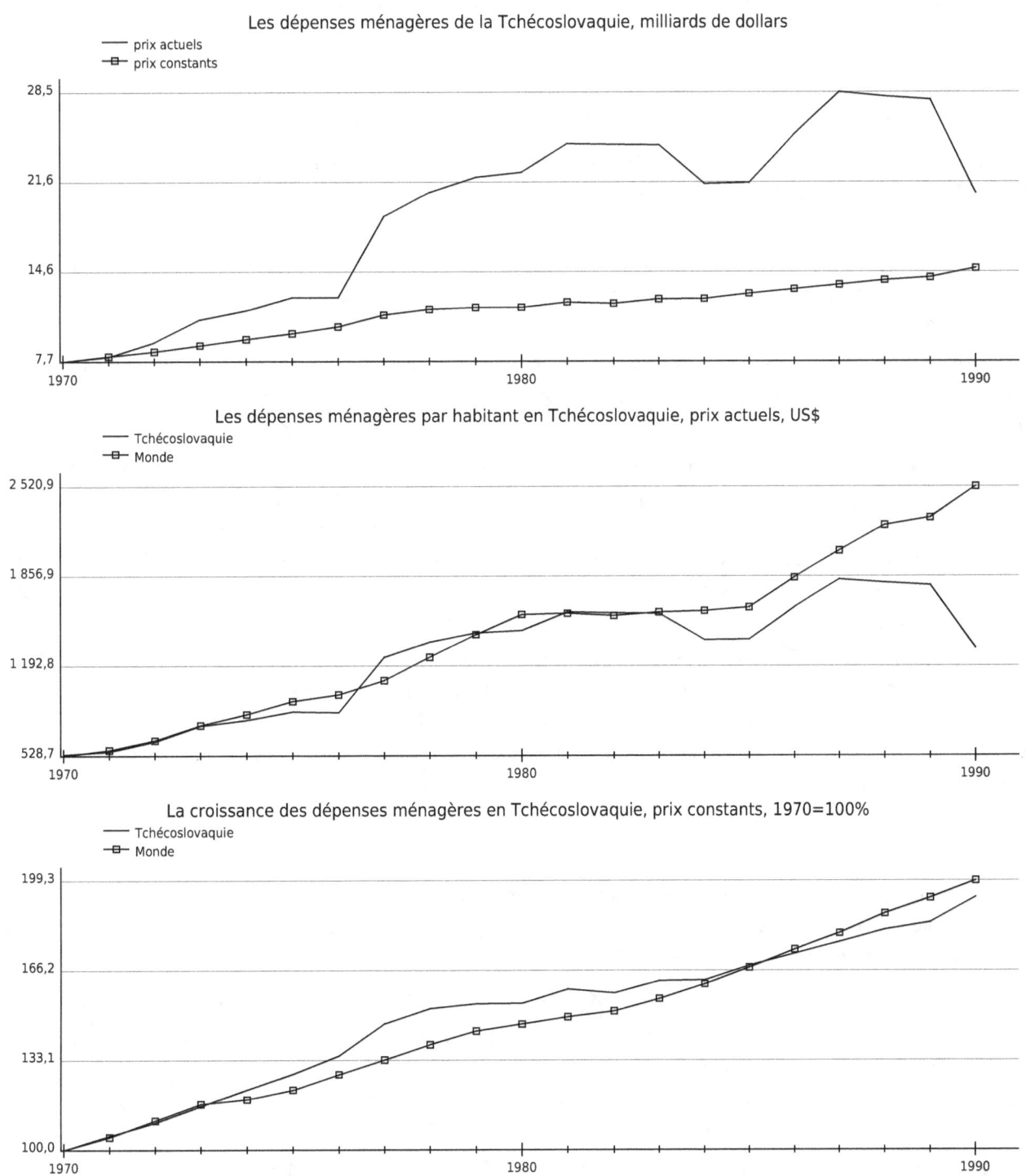

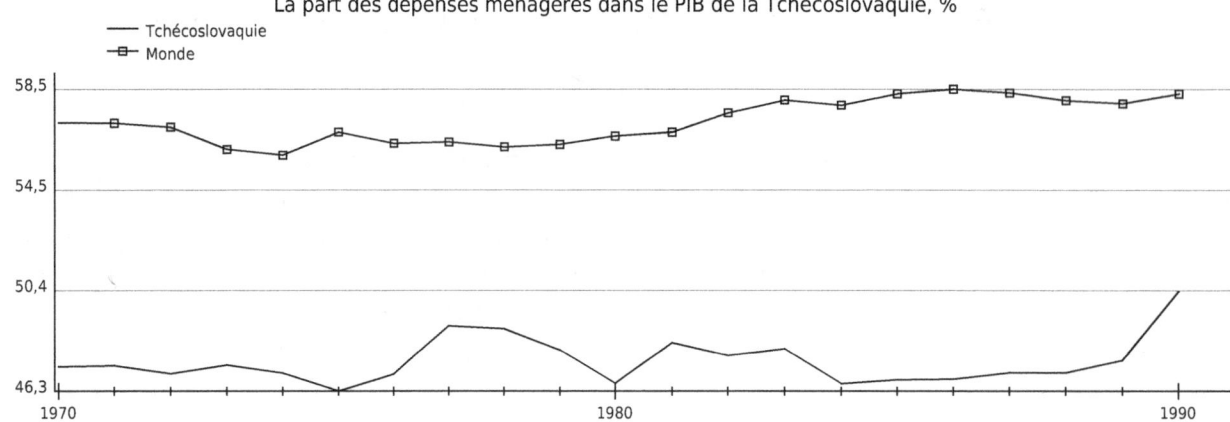

Les années 1970

Les dépenses ménagères de la Tchécoslovaquie étaient de 13,4 milliards de dollars par an dans les années 1970, se classant au 33ème rang mondial à égalité avec la Finlande (13,7 milliards de dollars). La part dans le monde était de 0,36% et de 0,91% en Europe.

La part des dépenses ménagères dans le PIB de la Tchécoslovaquie était de 47,7% dans les années 1970, se situant au 165ème rang mondial, à égalité avec la Hongrie (47,7%), l'URSS (47,8%).

Les dépenses ménagères par habitant en Tchécoslovaquie étaient de 909.5 dollars dans les années 1970, au 63ème rang mondial, à égalité avec la Pologne (909,5 de dollars), le Monde (914,8 de dollars), l'Asie de l'Ouest (917,3 de dollars). Les dépenses ménagères par habitant en Tchécoslovaquie étaient 0,58% inférieures les dépenses ménagères par habitant au Monde (914,8 US$), et 2,2 fois inférieures les dépenses ménagères par habitant en Europe (2 041,4 US$).

La croissance des dépenses ménagères en Tchécoslovaquie était de 4.9% dans les années 1970, au 72ème rang mondial. La croissance des dépenses ménagères en Tchécoslovaquie (4,9%) a été supérieure à celle du monde (4,1%), et supérieure à celle de l'Europe (3,7%).

Comparaison avec les voisins. Les dépenses ménagères de la Tchécoslovaquie étaient supérieures à celles de la Hongrie (6,1 milliards de dollars); mais inférieures à celles de l'Allemagne (277,8 milliards de dollars), de la Pologne (30,8 milliards de dollars) et de l'Autriche (21,9 milliards de dollars). Les dépenses ménagères par habitant en Tchécoslovaquie étaient supérieures à celles de la Pologne (909,5 de dollars) et de la Hongrie (577,0 de dollars); mais inférieures à celles de l'Allemagne (3 527,2 de dollars) et de l'Autriche (2 875,3 de dollars). La croissance des dépenses ménagères en Tchécoslovaquie était supérieure à celle de l'Autriche (4,2%), de la Hongrie (3,9%) et de l'Allemagne (3,6%); mais inférieure à celle de la Pologne (5,8%).

Comparaison avec les leaders. Les dépenses ménagères de la Tchécoslovaquie étaient inférieures à celles des États-Unis (1,0 billions de dollars), de l'URSS (310,6 milliards de dollars), du Japon (280,9 milliards de dollars), de l'Allemagne (277,8 milliards de dollars) et de la France (180,7 milliards de dollars). Les dépenses ménagères par habitant en Tchécoslovaquie étaient inférieures à celles des États-Unis (4 744,5 de dollars), de l'Allemagne (3 527,2 de dollars), de la France (3 371,0 de dollars), du Japon (2 523,0 de dollars) et de l'URSS (1 231,6 de dollars). La croissance des dépenses ménagères en Tchécoslovaquie était supérieure à celle de l'URSS (4,7%), de la France (4,0%), des États-Unis (3,6%) et de l'Allemagne (3,6%); mais inférieure à celle du Japon (5,1%).

Les années 1980

Les dépenses ménagères de la Tchécoslovaquie étaient de 24,8 milliards de dollars par an dans les années 1980, au 42ème rang mondial à égalité avec les Philippines (25,0 milliards de dollars), le Portugal (25,1 milliards de dollars), Hong Kong (24,3 milliards de dollars). La part dans le monde était de 0,28% et de 0,81% en Europe.

La part des dépenses ménagères dans le PIB de la Tchécoslovaquie était de 47,3% dans les années 1980, au 166ème rang mondial.

Les dépenses ménagères par habitant en Tchécoslovaquie étaient de 1604.1 dollars dans les années 1980, au 69ème rang mondial, à égalité avec le Panama (1 615,0 de dollars), le Gabon (1 616,4 de dollars), la Corée du Sud (1 627,9 de dollars). Les dépenses ménagères par habitant en Tchécoslovaquie étaient 11,3% inférieures les dépenses ménagères par habitant au Monde (1 808,0 US$), et 2,5 fois inférieures les dépenses ménagères par habitant en Europe (3 991,1 US$).

La croissance des dépenses ménagères en Tchécoslovaquie était de 1.8% dans les années 1980, se classant au 140ème rang mondial,

Chapitre XI. Dépenses ménagères

à égalité avec l'Amérique centrale (1,8%), le Bénin (1,8%), le Cameroun (1,8%). La croissance des dépenses ménagères en Tchécoslovaquie (1,8%) a été inférieure à celle du monde (3,0%), et inférieure à celle de l'Europe (2,3%).

Comparaison avec les voisins. Les dépenses ménagères de la Tchécoslovaquie étaient 84,2% supérieures à celles de la Hongrie (13,5 milliards de dollars); mais 23,2 fois inférieures à celles de l'Allemagne (575,7 milliards de dollars), 2,1 fois inférieures à celles de l'Autriche (52,6 milliards de dollars) et 38,9% inférieures à celles de la Pologne (40,7 milliards de dollars). Les dépenses ménagères par habitant en Tchécoslovaquie étaient 26,0% supérieures à celles de la Hongrie (1 273,1 de dollars) et 45,3% supérieures à celles de la Pologne (1 103,6 de dollars); mais 4,6 fois inférieures à celles de l'Allemagne (7 378,3 de dollars) et 4,3 fois inférieures à celles de l'Autriche (6 903,4 de dollars). La croissance des dépenses ménagères en Tchécoslovaquie était supérieure à celle de la Hongrie (0,91%) et de la Pologne (-0,10%); mais inférieure à celle de l'Autriche (2,1%) et de l'Allemagne (1,8%).

Comparaison avec les leaders. Les dépenses ménagères de la Tchécoslovaquie étaient 105,1 fois inférieures à celles des États-Unis (2,6 billions de dollars), 38,1 fois inférieures à celles du Japon (945,6 milliards de dollars), 23,2 fois inférieures à celles de l'Allemagne (575,7 milliards de dollars), 17,1 fois inférieures à celles de l'URSS (424,6 milliards de dollars) et 16,8 fois inférieures à celles du Royaume-Uni (416,5 milliards de dollars). Les dépenses ménagères par habitant en Tchécoslovaquie étaient 4,0% supérieures à celles de l'URSS (1 542,8 de dollars); mais 6,8 fois inférieures à celles des États-Unis (10 904,4 de dollars), 4,9 fois inférieures à celles du Japon (7 796,6 de dollars), 4,6 fois inférieures à celles de l'Allemagne (7 378,3 de dollars) et 4,6 fois inférieures à celles du Royaume-Uni (7 376,3 de dollars). La croissance des dépenses ménagères en Tchécoslovaquie était inférieure à celle du Japon (3,7%), du Royaume-Uni (3,5%), des États-Unis (3,2%), de l'URSS (3,0%) et de l'Allemagne (1,8%).

Chapitre XII. Consommation de nourriture

Au cours de la période de recherche, la consommation alimentaire des produits suivants a augmenté: fruits (de 25,6%), légumineuses (de 22,7%), stimulants (de 22,4%), légumes (de 14,5%), œufs (de 12,8%), viande (de 12,2%), noix (de 11,8%), huiles végétales (de 10,7%), lait (de 2,8%), céréales (de 0,30%), mais diminué pour les produits suivants: alcool (de 2,0%), sucre (de 4,7%), épices (de 12,4%), poisson (de 17,9%), racines riches (de 26,2%).

Les années 1970

La consommation de kcal en Tchécoslovaquie était de 3 355,2 kcal/jour par habitant dans les années 1970, au 7ème rang mondial à égalité avec l'Est (3 356,6 kcal/jour par habitant), l'URSS (3 353,4 kcal/jour par habitant). La consommation de kcal en Tchécoslovaquie était supérieur à celui dans le monde (2 403,2 kcal/jour par habitant), et était supérieur à celui en Europe (3 283,8 kcal/jour par habitant). La consommation de kcal avait la structure suivante: céréales (30.9%), sucre (13.1%), viande (11.9%), alcool (8%), lait (7.9%), et d'autres (28.2%).

La consommation de protéines en Tchécoslovaquie était de 97,6 g/jour par habitant dans les années 1970, se classant au 17ème rang mondial à égalité avec la Hongrie (97,6 g/jour par habitant), Malte (98,2 g/jour par habitant), l'Amérique septentrionale (98,5 g/jour par habitant). La consommation de protéines en Tchécoslovaquie était supérieur à celui dans le monde (65,0 g/jour par habitant), et était inférieur à celui en Europe (98,6 g/jour par habitant). La consommation de protéines avait la structure suivante: céréales (32.6%), viande (26.6%), lait (18.8%), œufs (5%), racines riches (4.5%), et d'autres (12.5%).

La consommation de graisse en Tchécoslovaquie était de 116,2 g/jour par habitant dans les années 1970, au 19ème rang mondial à égalité avec le Canada (116,7 g/jour par habitant), l'Italie (117,3 g/jour par habitant). La consommation de graisse en Tchécoslovaquie était supérieur à celui dans le monde (55,1 g/jour par habitant), et était supérieur à celui en Europe (109,6 g/jour par habitant). La consommation de graisse avait la structure suivante: viande (27.4%), huiles végétales (22.5%), lait (11.2%), œufs (3.7%), céréales (3.4%), et d'autres (31.8%).

Voici les niveaux de consommation alimentaire dans le classement mondial: 5ème - alcool (159,5 kg/habitant/an), 8ème - œufs (15,5 kg/habitant/an), 13ème - viande (82,8 kg/habitant/an), 19ème - lait (192,0 kg/habitant/an), 22ème - sucre (45,3 kg/habitant/an), 39ème - racines riches (99,3 kg/habitant/an), 41ème - huiles végétales (9,5 kg/habitant/an), 42ème - stimulants (2,9 kg/habitant/an), 43ème - légumes (73,0 kg/habitant/an), 52ème - céréales (139,7 kg/habitant/an), 55ème - épices (0,44 kg/habitant/an), 91ème - fruits (47,3 kg/habitant/an), 99ème - poisson (6,8 kg/habitant/an), 137ème - légumineuses (0,97 kg/habitant/an).

Les années 1980

La consommation de kcal en Tchécoslovaquie était de 3 464,0 kcal/jour par habitant dans les années 1980, au 7ème rang mondial à égalité avec la France (3 470,6 kcal/jour par habitant), les Émirats arabes unis (3 453,3 kcal/jour par habitant), la Suisse (3 451,9 kcal/jour par habitant). La consommation de kcal en Tchécoslovaquie était supérieur à celui dans le monde (2 572,3 kcal/jour par habitant), et était supérieur à celui en Europe (3 346,9 kcal/jour par habitant). La consommation de kcal avait la structure suivante: céréales (29.9%), viande (12.8%), sucre (12.1%), alcool (7.9%), lait (7.8%), et d'autres (29.5%).

La consommation de protéines en Tchécoslovaquie était de 102,0 g/jour par habitant dans les années 1980, se classant au 17ème rang mondial à égalité avec l'Europe du Sud (102,2 g/jour par habitant), l'Amérique septentrionale (102,3 g/jour par habitant), l'Europe (102,3 g/jour par habitant). La consommation de protéines en Tchécoslovaquie était supérieur à celui dans le monde (69,1 g/jour par habitant), et était inférieur à celui en Europe (102,3 g/jour par habitant). La consommation de protéines avait la structure suivante: céréales (31.3%), viande (28.4%), lait (18.8%), œufs (5.3%), racines riches (3.4%), et d'autres (12.8%).

La consommation de graisse en Tchécoslovaquie était de 129,9 g/jour par habitant dans les années 1980, se situant au 15ème rang mondial à égalité avec le Danemark (130,2 g/jour par habitant), les Bermudes (128,8 g/jour par habitant). La consommation de graisse en Tchécoslovaquie était supérieur à celui dans le monde (63,2 g/jour par habitant), et était supérieur à celui en Europe (119,5 g/jour par habitant). La consommation de graisse avait la structure suivante: viande (27.2%), huiles végétales (23%), lait (10.7%), œufs (3.8%), céréales (3%), et d'autres (32.3%).

Voici les niveaux de consommation alimentaire dans le classement mondial: 3ème - œufs (17,5 kg/habitant/an), 13ème - viande (92,9 kg/habitant/an), 20ème - lait (197,3 kg/habitant/an), 28ème - sucre (43,2 kg/habitant/an), 37ème - légumes (83,5 kg/habitant/an), 42ème - stimulants (3,5 kg/habitant/an), 43ème - noix (1,5 kg/habitant/an), 45ème - racines riches (78,6 kg/habitant/an), 54ème -

céréales (140,1 kg/habitant/an), 55ème - huiles végétales (10,5 kg/habitant/an), 71ème - épices (0,39 kg/habitant/an), 79ème - fruits (59,4 kg/habitant/an), 111ème - poisson (5,8 kg/habitant/an), 134ème - légumineuses (1,2 kg/habitant/an).

Partie IV. Reproduction

Chapitre XIII. Formation de capital fixe

Formation brute de capital fixe

La formation de capital fixe de la Tchécoslovaquie est passé de 7,7 milliards de dollars par an dans les années 1970 à 12,9 milliards de dollars par an dans les années 1980, c'est-à-dire 5,2 milliards de dollars ou de 67,5%. La variation a été de 3,7 milliards de dollars en raison de l'augmentation de 1,4 fois des prix, et de 1,1 milliards de dollars en raison de la croissance du taux par habitant de 1,1 fois, et de 364,5 millions de dollars en raison de la croissance démographique. La croissance annuelle moyenne de la formation de capital était de 3,3%. La valeur minimale était de 4,0 milliards de dollars en 1970. La valeur maximale était de 15,1 milliards de dollars en 1988.

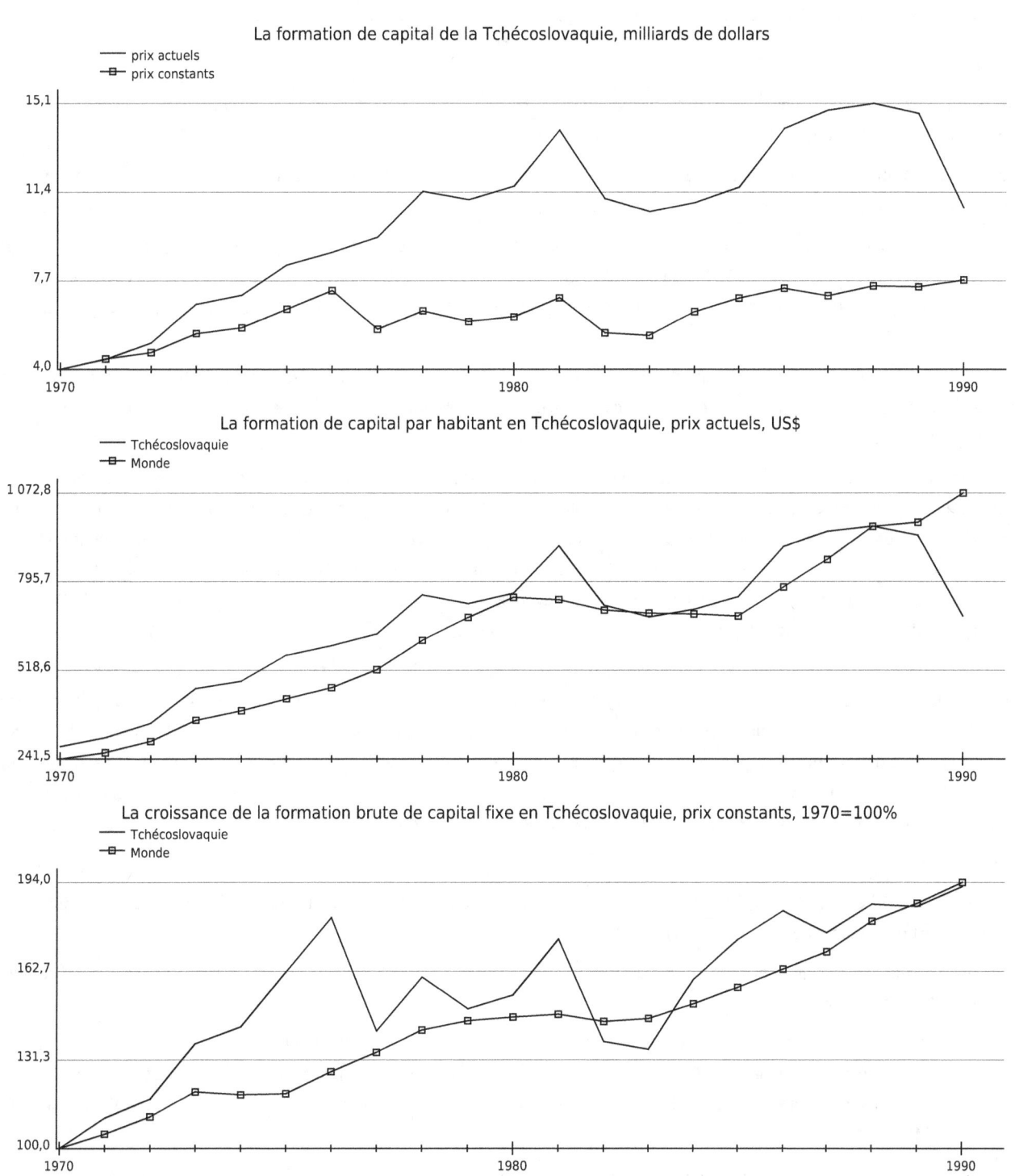

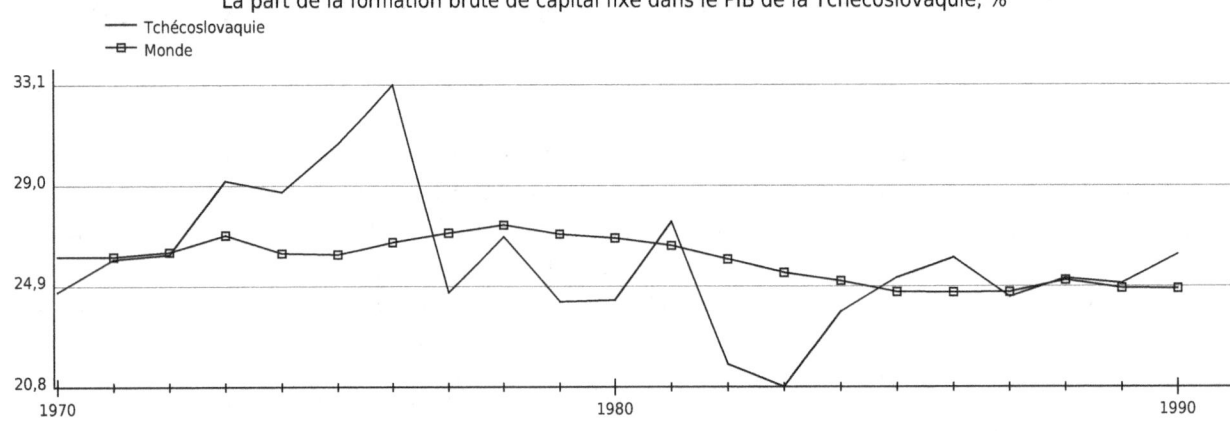

Les années 1970

La formation de capital de la Tchécoslovaquie était de 7,7 milliards de dollars par an dans les années 1970, se situant au 33ème rang mondial. La part dans le monde était de 0,44% et de 1,0% en Europe.

La part de la formation de capital dans le PIB de la Tchécoslovaquie était de 27,3% dans les années 1970, au 55ème rang mondial, à égalité avec les îles Cook (27,3%), l'Afrique australe (27,4%), l'Afrique du Sud (27,4%).

La formation de capital par habitant en Tchécoslovaquie était de 519.2 dollars dans les années 1970, se situant au 54ème rang mondial, à égalité avec le Portugal (530,8 de dollars). La formation de capital par habitant en Tchécoslovaquie était 19,8% supérieure la formation de capital fixe par habitant au Monde (433,5 US$), et 49,0% inférieure la formation de capital fixe par habitant en Europe (1 018,0 US$).

La croissance de la formation brute de capital fixe en Tchécoslovaquie était de 4.6% dans les années 1970, se classant au 104ème rang mondial. La croissance de la formation brute de capital fixe en Tchécoslovaquie (4,6%) a été supérieure à celle du monde (4,2%), et supérieure à celle de l'Europe (2,4%).

Comparaison avec les voisins. La formation de capital fixe de la Tchécoslovaquie était supérieure à celle de la Hongrie (5,0 milliards de dollars); mais inférieure à celle de l'Allemagne (125,8 milliards de dollars), de l'Autriche (11,0 milliards de dollars) et de la Pologne (10,6 milliards de dollars). La formation de capital par habitant en Tchécoslovaquie était supérieure à celle de la Hongrie (475,8 de dollars) et de la Pologne (313,7 de dollars); mais inférieure à celle de l'Allemagne (1 597,2 de dollars) et de l'Autriche (1 441,3 de dollars). La croissance de la formation de capital en Tchécoslovaquie était supérieure à celle de l'Autriche (3,9%) et de l'Allemagne (1,5%); mais inférieure à celle de la Hongrie (5,7%) et de la Pologne (5,7%).

Comparaison avec les leaders. La formation de capital fixe de la Tchécoslovaquie était inférieure à celle des États-Unis (381,9 milliards de dollars), de l'URSS (214,6 milliards de dollars), du Japon (191,6 milliards de dollars), de l'Allemagne (125,8 milliards de dollars) et de la France (82,9 milliards de dollars). La formation de capital fixe par habitant en Tchécoslovaquie était inférieure à celle des États-Unis (1 750,0 de dollars), du Japon (1 720,7 de dollars), de l'Allemagne (1 597,2 de dollars), de la France (1 545,4 de dollars) et de l'URSS (850,9 de dollars). La croissance de la formation de capital en Tchécoslovaquie était supérieure à celle des États-Unis (4,4%), du Japon (3,9%), de l'URSS (3,2%), de la France (2,7%) et de l'Allemagne (1,5%).

Les années 1980

La formation de capital fixe de la Tchécoslovaquie était de 12,9 milliards de dollars par an dans les années 1980, au 39ème rang mondial. La part dans le monde était de 0,34% et de 0,96% en Europe.

La part de la formation de capital dans le PIB de la Tchécoslovaquie était de 24,5% dans les années 1980, au 65ème rang mondial, à égalité avec l'Islande (24,5%).

La formation de capital par habitant en Tchécoslovaquie était de 830.4 dollars dans les années 1980, se classant au 64ème rang mondial, à égalité avec la Barbade (836,6 de dollars). La formation de capital fixe par habitant en Tchécoslovaquie était 5,0% supérieure la formation de capital fixe par habitant au Monde (790,9 US$), et 2,1 fois inférieure la formation de capital fixe par habitant en Europe (1 748,4 US$).

La croissance de la formation brute de capital fixe en Tchécoslovaquie était de 2.2% dans les années 1980, se situant au 101ème rang

Chapitre XIII. Formation de capital fixe

mondial, à égalité avec l'Europe (2,2%). La croissance de la formation brute de capital fixe en Tchécoslovaquie (2,2%) a été inférieure à celle du monde (2,5%), et inférieure à celle de l'Europe (2,2%).

Comparaison avec les voisins. La formation de capital de la Tchécoslovaquie était 60,9% supérieure à celle de la Hongrie (8,0 milliards de dollars); mais 18,5 fois inférieure à celle de l'Allemagne (238,1 milliards de dollars), 44,0% inférieure à celle de l'Autriche (23,0 milliards de dollars) et 15,3% inférieure à celle de la Pologne (15,2 milliards de dollars). La formation de capital fixe par habitant en Tchécoslovaquie était 10,0% supérieure à celle de la Hongrie (754,8 de dollars) et 2,0 fois supérieure à celle de la Pologne (412,1 de dollars); mais 3,7 fois inférieure à celle de l'Allemagne (3 052,1 de dollars) et 3,6 fois inférieure à celle de l'Autriche (3 011,1 de dollars). La croissance de la formation brute de capital fixe en Tchécoslovaquie était supérieure à celle de l'Autriche (1,7%), de l'Allemagne (1,4%), de la Pologne (0,44%) et de la Hongrie (-0,94%).

Comparaison avec les leaders. La formation de capital de la Tchécoslovaquie était 74,5 fois inférieure à celle des États-Unis (958,4 milliards de dollars), 44,5 fois inférieure à celle du Japon (571,7 milliards de dollars), 21,1 fois inférieure à celle de l'URSS (271,0 milliards de dollars), 18,5 fois inférieure à celle de l'Allemagne (238,1 milliards de dollars) et 12,8 fois inférieure à celle de la France (164,3 milliards de dollars). La formation de capital par habitant en Tchécoslovaquie était 5,7 fois inférieure à celle du Japon (4 713,7 de dollars), 4,8 fois inférieure à celle des États-Unis (4 002,1 de dollars), 3,7 fois inférieure à celle de l'Allemagne (3 052,1 de dollars), 3,5 fois inférieure à celle de la France (2 907,7 de dollars) et 15,7% inférieure à celle de l'URSS (984,8 de dollars). La croissance de la formation de capital en Tchécoslovaquie était supérieure à celle de l'URSS (1,7%) et de l'Allemagne (1,4%); mais inférieure à celle du Japon (4,8%), des États-Unis (3,1%) et de la France (2,4%).

www.ingramcontent.com/pod-product-compliance
Lightning Source LLC
Chambersburg PA
CBHW081059240526
45465CB00025B/2765